Gidon Kremer · Kindheitssplitter

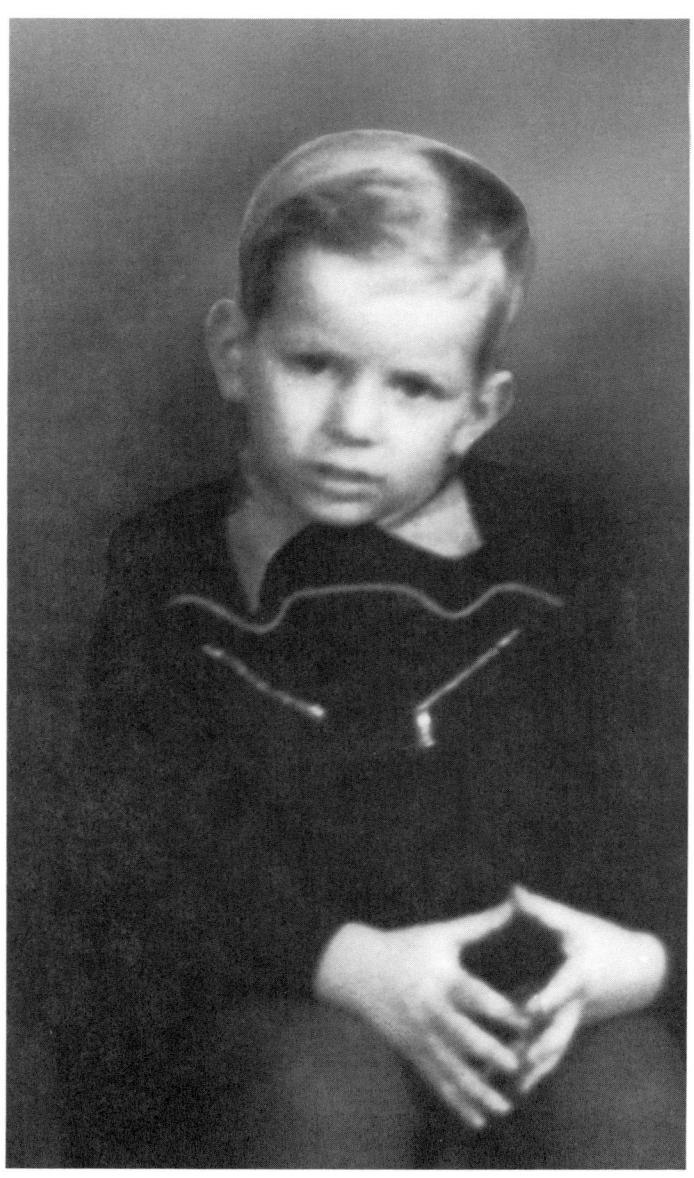

Gidon Kremer

Kindheitssplitter

Piper
München Zürich

Redaktion: Peter Weismann

ISBN 3-492-03614-7
2. Auflage, 7.–10. Tausend 1994
© R. Piper GmbH & Co. KG, München 1993
Gesetzt aus der Caslon-Antiqua
Gesamtherstellung: Jos. C. Huber KG, Dießen
Printed in Germany

Inhalt

Meiner Mutter,
meinen Freunden,
meiner Heimatstadt Riga.

Für A. und ?

Jetzt

Noch immer höre ich die Lieder, noch immer habe ich das rituelle Springen über die am Strand brennenden Feuer in der Nacht des Sommerfestes *Jaņu Svētki** vor Augen. Der Atem füllte sich mit dem Duft des am Flußufer wachsenden *Kamysch***. Die mit Blumen- und Blätterkränzen geschmückten Frauen und Männer schlugen sich damit gegenseitig auf die Beine. Der Brauch galt als Omen für Glück in der Liebe.

Der aufdringliche Geruch des Regenwassers, wenn es zum Haarewaschen auf dem Petroleumkocher gewärmt wurde, der Geschmack der selbstgepflückten Beeren, die Furcht vor Schlangen, die auf den Waldwegen in der Sonne lagen, und vor denen, die im Traum sich aus den Vorhängen wanden und auf mich zukrochen, der Schmerz der verordneten Spritze gegen Kinderlähmung, der mit Tränen geschluckt werden mußte, das Burgenbauen am Strand und der feine Sand, der mir dabei so widerwärtig unter die

---

* Jaņu Svētki = lettisch: Johannis-Fest in der Johannisnacht, Sonnwendfeier.
** Kamysch = Schilfgras.

Nägel drang: Im Korb der Erinnerung sind die Splitter der Kindheit aufgehoben. Mancher steckt tief in der Seele.

Mit dem letzten Ferientag ging der Sommer auf der Datscha zu Ende. Ich fuhr mit den Eltern und Großeltern zurück in die Stadt. Vor dem Haus mit dem steinernen Wächter, der immer zu frieren schien, verabschiedeten wir uns von Omi und Opa, die dort, ein paar Straßen von uns entfernt, wohnten. Zu Hause stieg ich am Abend ungeduldig in die eingelassene Badewanne. »Sei vorsichtig, es ist heiß«, sagte die Mutter regelmäßig, aber meistens zu spät. Danach lag ich eingehüllt vom Geruch und Wohlgefühl frischer, gebügelter Laken im Bett. Wenn das Licht gelöscht und gute Nacht gesagt wurde, kamen mit der Schläfrigkeit die Gedanken an den nächsten Tag, den ersten eines neuen Schuljahres. In jene angenehme und zugleich bange Erwartung des Kommenden mischte sich irgendwann einmal die Frage: »Wer bin ich eigentlich?«

Ich war vielleicht zehn Jahre alt, und ich ahnte nicht, daß diese Frage mich noch lange begleiten sollte.

Ich

»Wenn doch mein Vater oder meine Mutter oder eigentlich beide – denn beide waren gleichmäßig dazu verpflichtet – hübsch bedacht hätten, was sie vornahmen, als sie mich zeugten! Hätten sie geziemend erwogen, wieviel von dem abhinge, was sie damals taten – daß es also nicht nur die Erzeugung eines vernünftigen Wesens galt, sondern daß möglicherweise die glückliche Bindung und ausgiebige Wärme des Körpers, daß vielleicht des Menschen Geist und seine ganze Gemütsbeschaffenheit, ja sogar – denn was wußten sie vom Gegenteil? – das Wohl und Geschick seines ganzen Hauses durch ihren damals vorherrschenden Seelen- und Körperzustand bestimmt werden konnte; wenn sie, wie gesagt, das alles getreulich erwogen und überdacht hätten und dementsprechend vorgegangen wären, so würde ich nach meiner Überzeugung eine ganz andere Figur in der Welt gemacht haben als die, in welcher mich fortan der Leser dieses Buches erblicken wird.«

So läßt Laurence Sterne die Ansichten von Tristram Shandy beginnen, bevor er den Augenblick seiner Zeugung schildert, in dem seine Mutter den

Vater »mittendrin« fragt: »Lieber Mann, du hast doch nicht etwa vergessen, die Uhr aufzuziehen?«

Wo, wann, wie beginnt das Ich? Wer hat sich diese Frage nicht gestellt? Viele Antworten kämpfen im Unterbewußtsein um ihre Existenz, *ihr* Leben. Sie führen zu Trugschlüssen, Fehlbeurteilungen, sind unzulänglich und widersprüchlich. Wer ist nicht schon an der Frage gescheitert, die sein Lebensgeheimnis ans Licht bringen sollte? Auch wenn die Fotografie bis in die Gebärmutter vorzudringen vermag und die Geheimnisse des Lebens von der Wissenschaft entdeckt sind, treibt mich die Versuchung, selber auf den Spuren der Vergangenheit die Anfänge des Ich zu suchen. Das Scheitern und die Möglichkeit, etwas zu (zer)stören, beängstigen noch nicht. Der Weg scheint beleuchtet zu sein, aber die Wegweiser sind schwer erkennbare Zeichen im Nebel der eigenen Erinnerung. Welche Spuren sind wichtig? Woran halte ich mich? Welche Splitter sind entscheidend? Die noch immer schmerzhaften, oder sind es die, die sich immer noch nicht in das »Puzzle« einfügen lassen?

Der »be- und anerkannte« und obendrein »berühmte« Musiker GK, der ein Teil von mir geworden ist, will in der Verknüpfung von erinnerlichen, verhängnisvollen Ereignisüberresten den Menschen Gidon kennenlernen. Der Künstler hofft, dadurch seinen Kern oder mindestens das Terrain, auf dem die *eigenen* Töne beginnen, zu entdecken.

Die imaginäre Reise führt ins Ungewisse; der Reisende kennt die Route noch nicht. »Coraggio, Maestro!« höre ich aus der Ferne und vermisse das gewohnte: »Fasten your seat belts.«

Wer bin ich?

Auf die Frage, wieso ich Geiger geworden bin, habe ich oft geantwortet, dies sei vor meiner Geburt entschieden worden. »Mein Vater, meine Mutter, mein Großvater, sogar der Urgroßvater – waren Geiger…«

Wie praktisch war es, solche Formeln zu haben. Die beruflichen Fragensteller waren mit der Antwort zufrieden und mußten nicht nachdenken, um das Gesagte zu verstehen oder es umzukrempeln. Vielen fällt es leichter, einen Satz zu zitieren, als einen zu suchen.

Mich befreite die einmal gefundene Antwort von dem Bemühen, auf mir gestellte Fragen ehrlich und spontan zu reagieren. Die Erfahrung im Umgang mit der Presse lehrte mich, daß man dabei auf Dauer nicht ehrlich-spontan sein darf, weil das eine dem anderen im Wege steht.

Ich bin Geiger, sagte ich, als sei die Geige mit »im Blut« gewesen und gehöre sozusagen zur Familie. Ich benutzte die Formel, ohne mir Gedanken zu machen, was sie verbirgt.

»Vor meiner Geburt entschieden« bedeutet auch, es wurde »für mich bestimmt«. Der Anfang also eine Nötigung, der ich mich fügen mußte, weil mir nun mal die Begabung für Musik mitgegeben worden war?

Die Erklärung verlockt, als Antwort bleibt sie aber unbefriedigend.

Nicht im Ziel, in der Reise liegt die Lösung. Der Fahrplan ist Erinnerung.

Das erste Geschenk, das ich machte, war ein gelber Knopf für meine Mutter. An der Ecke der Straße, in der meine Großeltern wohnten, befindet sich eine »Galanterie«. Dort habe ich den gelben Knopf entdeckt und von meinem Taschengeld gekauft. Gelb war für mich von allen Farben die schönste. Nicht irgendein Gelb, sondern ein ganz bestimmtes, sehr helles Gelb. Den Buntstiftkästen fehlte oft meine Lieblingsfarbe, und wenn sie dabei war, enttäuschte sie mich meist: So sehr ich mich auch mühte, das Gelb auf dem Papier blieb viel matter als in meiner Vorstellung; kaum sichtbar war es, wo es doch als *schönste* Farbe leuchten sollte. Der Knopf für meine Mutter aber glänzte hell. Gelb. Ich erinnere mich nicht, ob meine Mutter ihn je verwendete. Wahrscheinlich nicht. Das war auch nicht so wichtig. Wichtig war, daß sie sich gefreut hatte über mein Geschenk, mein Gelb. – Ein Zeichen im Nebel der Erinnerung. –

Als Kind hatte ich häufig Nasenbluten. Im Gedächtnis gespeichert ist die Übelkeit bei Blutgeschmack, die sich später zu einer regelrechten Blutphobie steigerte.

Als ich etwa sechzehn Jahre alt war, versuchte ich vor einer routinemäßig durchgeführten Blutuntersuchung in der Schule meiner Angst Herr zu werden. Ich wollte erwachsener sein. Immer wieder stellte ich mir den Vorgang der Blutentnahme in allen Einzelheiten vor und kniff mich abends im Bett mit aller Kraft, um mich an den auszuhaltenden Schmerz zu gewöhnen. Am Tage der Untersuchung fühlte ich mich stark genug. Die Ärztin erzählte später, daß ich mit einem Lächeln in die Kabine gekommen sei, mich auf den Stuhl gesetzt, den Zeigefinger hingehalten und in Erwartung des Einstichs den Kopf weggedreht habe. Soweit sei alles normal gewesen, aber dann bin ich vom Stuhl gefallen. Ohnmächtig. Bis heute gerate ich in helle Aufregung, wenn ich mir eine kleine Wunde zuziehe oder jemand in meiner Umgebung sich verletzt. Ich bin unfähig, Mitleid zu zeigen, wenn man mir von den Vorgängen einer Operation erzählt, weil ich schon bei der bloßen Beschreibung derart leide, daß ich nur den Wunsch habe, taub zu sein.

Gidon damals, Gidon heute. Deshalb muß, wie das erregende Gelb, der üble Geschmack des *roten* Blutes erwähnt werden.

Wenn ich Nasenbluten hatte, kamen die Erwachsenen zwar zu Hilfe, die üblichen kalten Kompressen wurden auf Stirn und Nacken gelegt, was normalerweise half, aber ab und zu dauerte das Bluten bis zu einer Stunde. Das steigerte meine Übelkeit, und eine innere Unruhe ergriff mich. Warum hört das Bluten

17

nicht auf? »Armer Junge«, hörte ich. Was immer das bedeuten sollte, es irritierte mich.

Eines Tages sprang eine Frau, die im Haus auf der anderen Seite unseres Hofes wohnte, aus dem Fenster. Ich weiß nicht, ob ich einen Schrei gehört habe. Ich lief ans Küchenfenster und sah den zerschmetterten Körper in seinem Blut auf dem Hof liegen. Wahrscheinlich hat man mir gesagt: Schau nicht hin! Ich wollte es aber sehen. Wahrscheinlich hat man mich gleich vom Fenster weggezogen, aber ich habe das Blut und den leblosen Körper der Frau auf dem Hofpflaster gesehen und wollte wissen, aus welchem Fenster des Hauses die Frau gesprungen ist und ob das viele Blut aus ihrem Kopf kommt. »Die arme Frau!« hörte ich sagen. Aber die Frau war nicht mehr da. Sie war tot. Eben war sie noch *da*gewesen, oben an dem offenen Fenster. Jetzt war sie tot wie die Leichen, die aus der Anatomie der Universität getragen wurden, an der ich jeden Tag auf dem Schulweg vorbeikam, ein dunkles, von Bäumen umstandenes Gebäude. Ich wußte, daß die Toten unter die Erde gebracht und von den Würmern gefressen werden.

Ich weiß nicht, ob der Blutfleck im Hof zwischen den rosa und ocker gestrichenen Häusern noch lange zu sehen war. Im Gedächtnis markiert er die erste Begegnung des Kindes mit dem Tod und meinen Versuch, mir das Nichtsein vorzustellen. Ich fragte mich, wenn jemand von einem Moment auf den anderen nicht mehr *da* sein kann, was ist dann mit mir. Ich bin doch da. Der Gedanke, da zu sein, um dann nicht mehr da zu sein, von Würmern gefressen zu werden, schien mir so unfaßlich, daß ich lieber überhaupt nicht sein, zumindest nicht denken wollte.

Der »arme Junge« und die »arme Frau«.

Das Allerschlimmste war, allein gelassen zu werden. Die Verzweiflung, die das in mir auslöste, war nicht vergleichbar mit der Übelkeit und den Ängsten, die das Nasenbluten hervorrief. Da kümmerte man sich ja um mich. Die Angst brach aus, wenn ich schlafen gehen mußte, was ich natürlich – wie später auch meine Tochter – nie einsehen wollte, und wuchs zum Elend an, wenn ich im hinteren Zimmer dann alleine war. Die Tür war einige Male abgeschlossen worden, weil ich versucht hatte, dem Alleinsein zu entfliehen. Da das Ausgeschlossensein alles noch verschlimmerte, hatte ich keine andere Wahl, als unglücklich, aber gehorsam im Bett zu bleiben. Nichts ließ die Erwachsenen mich erhören, kein Bitten und Flehen, kein Weinen, kein Schreien, auch nicht das absolute, dreifache *forte* meiner Stimmbänder. (Sänger! Ich hätte Sänger werden können.) Nichts und niemand half mir.

In meinem einsamen Bett suchte ich nach Ablenkung von der Angst. Da war das Loch in der Wand, aus der ein Stück Putz herausgefallen war. Ich wünschte mir, ins andere Zimmer schauen zu können. Es gelang mir nicht, die Wand mit dem Finger zu durchbohren. Oft drückte ich mein Ohr auf das Loch und hoffte, mehr von der geheimnisvollen Welt der Erwachsenen im Nebenzimmer zu erfahren. Was ich hörte aber, war (welche Enttäuschung!) unverständlich. Ich knüllte Bonbonpapier in das Loch oder schnippte einen Nasenpopel hinein, den ich zwischen Zeigefinger und Daumen zu einem schwarzen Kügelchen gedreht hatte. Wenn sich der Schlaf dann über mein Bedürfnis legte, hatte sich das Kind gefügt, und die Pädagogik feierte ihren Sieg.

Das Schlafengehen wurde mir gleich dem Geigenspielen aufgezwungen. Den Zeitrhythmus zu lernen, fand ich grausam. Ich weiß nicht, was mir gefehlt hat, das mich in diese panische Angst vor dem Alleingelassensein trieb. Ich weiß nur, daß ich auch heute noch, ausgenommen in meiner Arbeitszeit, jede Möglichkeit wahrnehme, nicht alleine zu sein.

Das Ungelöste lebt in Gidon mit und ohne Violine weiter: freudig gelb, blutrot allein.

Meine Eltern arbeiteten viel, sie spielten beide im Orchester und kamen oft erst spät in der Nacht nach Hause. In der Zeit, wo sie weg waren, wurde ich von verschiedenen Haushälterinnen betreut. Eine, ihren Namen habe ich vergessen, drohte bei jeder Gelegenheit: »Ich sehe schwarz!«, worauf ich trotzig antwortete: »Und ich sehe rot!«

20

Man behauptet in der Familie, ich hätte schon im Alter von vier Jahren zu Stöckchen gegriffen und versucht, das Geigenspiel zu imitieren. Vielleicht wollte ich damit nur die Aufmerksamkeit der Erwachsenen auf mich lenken. Ich habe später einmal erlebt, daß ein Kind Löcher in seine Kleider schnitt, weil es sich zu wenig beachtet fühlte. Vielleicht wollte ich mir mit der Stöckchengeige ein Mehr an Zuneigung erspielen. Sie, die Erwachsenen, hatten ja immer zu tun und nie Zeit. Aber daß sie mein »Geigenspielen« mit großem Wohlwollen betrachtet haben, da bin ich sicher. Es kann auch das vorprogrammierte Geiger-Ich gewesen sein, das nach seinem Werkzeug zu suchen begann, mit dem es sich beliebt machen konnte, um mich den Erwachsenen und ihrer Welt näherzubringen.

Auf alle Fälle faßte man jetzt den Entschluß (falls man den nicht längst schon vor meiner Geburt gefaßt hatte), daß es an der Zeit sei, Gidon die ersten Schritte im Violinspiel machen zu lassen. Und so sagt man heute: Er begann im Alter von viereinhalb Jahren, Geige zu spielen. Ein Satz, der sich so leichthin spricht. Auch wenn ich selber zum Stöckchen gegriffen habe, hat man mir die Geige in die Hand gedrückt.

Ob es elterliche Bestimmung war oder *meine* Begabung, die die Geige zu meinem Instrument werden ließ, kann ich nicht beantworten. Wie auch immer die Entscheidung zustande gekommen ist, ich stelle auf jeden Fall meine »Freiwilligkeit« dabei in Frage.

21

Mir wäre zu der Zeit der Beruf eines Feuerwehrmannes, eines Schornsteinfegers oder eines Kellners, der im Restaurant die Süßspeisen serviert, mindestens genauso verheißungsvoll gewesen. Darüber wird heute natürlich nicht gesprochen. »Er hat schon als kleines Kind die Geige gespielt« – das paßt besser zur Legende. Meinen Wunsch, im Feuerwehrauto durch die Stadt zu jagen, Brände zu löschen und ständig Menschen vor dem sicheren Tod zu retten, sollte ein gefalteter Papierhelm zum *Jaṇu-Svētki-Fest* befriedigen. »Kindereien!« nannten die Erwachsenen meine Berufsvorstellungen und wußten wie immer mehr. Was für mich *eine* Möglichkeit war, schien ihnen die einzige zu sein. *Meine* ersten Versuche, die Geige zu halten und ihr Töne zu entlocken, erfüllten *ihre* Träume.

Die Datscha

Den Sommer verbrachten wir fast immer in Jurmala, einem Strandgebiet der Rigaer Bucht. In Vaivari, einem kleinen Ort am Ende von Jurmaia, wurden zwei oder drei Zimmer in einer bescheidenen Datscha gemietet, in der die Küche mit anderen Familien geteilt wurde. Im Garten stand ein kleines Holzhäuschen, das war die Toilette. Fließendes Wasser gab es nicht, nur einen Ziehbrunnen. Das Leben auf der Datscha war sehr einfach und, so sagte man, gut für die Gesundheit. Man freute sich auf die ersten Erdbeeren, dann auf die Himbeeren, genoß die neuen Kartoffeln und den Geschmack der frisch gemolkenen Milch von der Kuh des Nachbarn.

Ab und zu kamen private Fischverkäuferinnen und boten frischen Lachs, Strömlinge, Aale geräuchert oder gesalzen an, deren Qualität dermaßen gut war, daß ich beim Schreiben dieser Zeilen Lust auf einen Fisch von damals bekomme. Später sind die Besuche der Verkäuferinnen immer seltener geworden, weil strenger gegen den verbotenen Privathandel vorgegangen wurde. Frischer Fisch war auch in den Orten an der Ostsee ein Luxusartikel, also teuer und nur selten in den staatlichen Läden zu haben.

Auch auf der Datscha wurde von mir verlangt, jeden Tag zu geigen. Als »so begabter Junge« (mein Großvater sagte: »Armer Junge«) sei ich das meinem Talent schuldig, und nur mit Üben käme der Erfolg. Aber niemand fragte Didi, ob ihm »Erfolg« wichtig sei. »Didi!« habe ich gesagt, als ich mich zum ersten Mal im Spiegel sah, und das wurde für viele Jahre mein Kosename.

Da meine Eltern auch im Sommer viel in der Stadt arbeiteten, war ich oft den Großeltern überlassen, die dem stundenlangen Üben nicht den gleichen Wert beimaßen wie mein Vater. Die Begabung und Großzügigkeit meines Großvaters ließen ihn die Dinge schnell erfassen. Diese Fähigkeit nahm er auch bei anderen an. Der Geigenprofessor, der am Konservatorium in Riga unterrichtete, hatte weder die Geduld noch die Lust, seinen kleinen Geigerenkel regelmäßig zu betreuen. Das führte zu einer gewissen Rivalität zwischen ihm und meinem ehrgeizigen Vater, die mir – wenn der Vater abwesend war – mehr Freiraum für das Nichtstun verschaffte. Viel später las ich in einem Brief des Großvaters, daß er es mit mir wie die Ärzte hielt: »Ich behandle keine eigenen Familienmitglieder«, schrieb er an einen Onkel.

Meiner Großmutter war die Gemütsverfassung des Kindes ohnehin von größerer Bedeutung als das, was man via Geigenspiel aus Didi machen wollte. Oft nahm sie mich in Schutz, verwöhnte mich und ging auf das ein, was mir Spaß machte. Wir spielten zusammen Karten, kochten oder backten einen Kuchen. Nicht selten ärgerte das meinen Vater, und er schimpfte über sie, was wiederum meine Mutter kränkte. Kurz und gut: Jeder hatte seine Vorstellung von dem, was für mich gut sei, und ich – je nach Konstellation – den Vorteil oder den Nachteil davon. Ich erinnere mich an einen Sommer auf der Datscha, in dem ich die Geige sogar für einige Wochen im Kasten lassen durfte. Damit das keine Schule machte, auf die ich damals noch nicht ging, sagte der Vater mit erhobenem Zeigefinger: »Das bleibt aber eine Ausnahme, Gidon.«

Gidon vertrieb sich, statt zu üben, die Zeit viel lieber mit Fliegenexekutionen. Meine Virtuosität darin war bemerkenswert: Einmal waren es an einem einzigen Nachmittag siebenundachtzig Volltreffer hintereinander. Ein Volltreffer war, das Opfer mit einem einzigen Schlag der Fliegenklatsche an die Wand zu kleben. (Aus mir könnte leicht ein Mörder werden!)

Die Freiheit begann hinter dem Zaun der Datscha, wenn ich auf meinem Fahrrad durch den Wald und die Dünen fuhr oder über die Hügel zum Bahnhof, wenn mich die Freunde oder auch nur der Gegenwind herausforderten zu beweisen, wer schneller und stärker war. Ich träumte von einem Sportrad mit drei Gängen. (Beruf: Radrennfahrer!) Darauf mußte ich jedoch einige Jahre warten.

Die Freiheit in einem Sommer war auch der »Geheime Stein« neben den Eisenbahnschienen am

Waldrand. Mit meinem Freund Felik und einem Mädchen aus Moskau hatte ich einen Club gegründet. »Club«, das hieß für mich schon als Kind, mit Freunden mehr als freund zu sein, das hatte etwas von Verschwörung zu gemeinsamen Unternehmungen, hieß, aus dem Zufälligen das Regelmäßige und auch Verbindliche zu machen. Unter dem »Geheimen Stein« versteckten wir Nachrichten, Verabredungen und Briefe für einander.

Ein anderer Ort der Freiheit war für mich eine Holzscheune in der Nähe des Strandes. Jeden Abend, manchmal schon nachmittags, drängte sich dort Publikum auf einfachen Bänken zusammen. Über dem Eingang stand auf einem roten Transparent in großen weißen Lettern: »Das Kino ist für uns die wichtigste aller Künste. W. I. Lenin.« Wenn Lenin gewußt hätte, wie sehr er mir damit aus dem Herzen sprach und wie oft ich seinen Satz benutzte, um meinen Drang nach Kino vor mir selbst zu rechtfertigen. Ich war süchtig nach Film. Auch die häufigen, technisch bedingten Unterbrechungen zum Wechseln der Filmrollen konnten nicht verhindern, daß ich völlig in der Welt der laufenden Bilder aufging. So oft es möglich war, ging ich ins Holzscheunenkino. »Hast du den Film schon gesehen?« Diese Frage begleitet mich, seit wir uns damals vor der täglich ausgehängten, handgeschriebenen Ankündigung des Films trafen, der am Abend gezeigt wurde. Amerikanische Produktionen hatten eine besondere Anziehungskraft. Welche Enttäuschung, wenn es hieß: »Für Kinder verboten!«

Meist mußte man lange nach Karten anstehen, aber dafür wurde dann noch tagelang das Gesehene wieder und wieder erzählt, ausgekostet und nacherlebt. Regelmäßig ging ich mit den Großeltern ins Kino. Ob »Schneewittchen«, »Rhapsodie« oder ein Chaplin-Streifen, ich wollte alles sehen.

Wie viele Male war ich mit meinen Großeltern im »Großen Walzer«?! Diese unglückliche Liebesgeschichte zwischen dem Komponisten Johann Strauss und einer Sängerin. Immer kamen mir am Schluß die Tränen. Ich konnte schon damals keinen Abschied ertragen, auch wenn er nur im Kino lief.

»Üben muß sein!« Auf der Datscha genauso wie zu Hause mußte ich mich einer Uhr fügen. Die Uhr sollte angeben, wieviel ich *gearbeitet* hatte. Wenn mein Vater nicht da war, mußten die Mutter, die Großmutter oder zu Hause in Riga auch eine der Haushälterinnen meine »Spiel«-Zeit kontrollieren. Ich wußte von anderen Kindern, daß sie sich ein Buch neben die Notenblätter stellten und während des Übens lasen. Ich hatte schon damals wenig Lust, zwei Dinge auf einmal zu machen, und auch wenig Erfolg damit. Ich mußte mir etwas anderes ausdenken.

Als ich noch kleiner war, bin ich auf einen Trick meiner Mutter reingefallen. Ich mochte damals eine Zeitlang keinen Fisch. Das gefiel meiner Mutter nicht, also kaufte sie Lachskonserven, auf denen ein Seestern abgebildet war, und schob mir den Fisch als »Sternfleisch« in den Mund.

27

Um der Geige früher zu entkommen, kam ich auf die Idee, mir die Zeit gefügig zu machen. Beim Beginn des Übens stellte ich die Uhr zurück und zeigte sie demjenigen, der mich zu kontrollieren hatte. Nach einer Weile kam ich wieder mit der Uhr, die ich aber ein wenig vorgestellt hatte, und fragte, ob es jetzt genug sei. Natürlich nicht. Ich wiederholte das in Abständen einige Male, bis meine Uhr *vor* der Zeit war. Irgendwann hörte ich dann endlich ein genervtes, aber erlösendes: »Es reicht!« Dieser wohldurchdachte Trick leistete mir eine Zeitlang gute Dienste. Leider wurde ich eines Tages erwischt, und es gab großen Ärger. Ich wurde bestraft: mit *Schweigen*. Bis heute denke ich, daß diese Strafe eine der schlimmsten ist. Nicht nur für Kinder. Mein Vater war ein Spezialist im Umgang mit der Waffe des Nicht-mit-einem-Sprechens. Fast jede Unart wurde damit bestraft. Sein Schweigen konnte eine Stunde, einen Tag oder länger dauern. Da half nichts, weder mein Betteln noch die verzweifelten Briefzettelchen, die ich vor dem Zubettgehen schrieb, um ihn um Verzeihung zu bitten. Nie, nie mehr wollte ich so schlecht, so faul, so niederträchtig sein. Streit mit meinen Eltern war mir genauso verhaßt wie das Alleingelassenwerden.

Am schlimmsten war es, wenn meine Mutter seine Partei ergriff und ebenfalls schwieg. Ich wollte nicht glauben, daß sie mich genauso verurteilte wie der Vater. Als Kind konnte ich nicht durchschauen, daß sie sich »diplomatisch« verhielt. War ich der Anlaß für den Zorn des Vaters, nahm sie manchmal aus

Angst, daß sein Zorn auf mich größer werden oder sich auch gegen sie richten könnte, des Vaters Standpunkt ein. Ich konnte nicht erkennen, daß meine Mutter aus hilfloser Sorge und um Schlimmeres zu verhüten sich gegen mich stellte. Für mich hatte ihre Hilflosigkeit dasselbe Gesicht wie Vaters Strenge. Ich empfand es wie eine »Verschwörung« gegen mich und fühlte mich von allen mißverstanden und verraten. Ich war doch so bemüht, liebenswert zu sein, aber was immer ich machte, es schien nicht dem zu entsprechen, was man von mir erwartete. In meiner Einsamkeit fand ich manchmal Trost bei der Großmutter. Gegen das Gefühl, ungenügend zu sein, konnte ich nur Pläne für eine zukünftige Revolte schmieden unter dem verzweifelten Motto: Ich werde es euch noch zeigen, wer ich bin und was ich kann.

Kräche zwischen mir und meinem Vater waren an der Tagesordnung. Anlässe dafür gab es genügend. Ein ungünstiges Zusammentreffen seiner Ungeduld mit meiner konnte ausreichend Stoff abgeben für einen handfesten Streit zwischen uns. Da diese explosive Gefahr ständig gegeben war und ein Ausbruch nur von unserer jeweiligen Tagesbefindlichkeit abhing, konnten mich, wenn er mit mir übte, Nichtigkeiten, über die niemand lachen konnte, so zum Lachen bringen, daß ich nicht mehr aufhören konnte. Auch in der Schule passierte mir das. Ein wütender Lehrer zum Beispiel konnte in mir diesen unbeherrschbaren Kitzel auslösen. Ich lachte dabei nicht über den Lehrer. Das Lachen war für mich die Flucht aus einer unerträglichen Spannung. Meinen Vater machten meine Albernheiten – wie er es nannte – schnell wütend und ließen ihn mir gegenüber ungerecht und verletzend werden. »Um des lieben Friedens willen«, sagte meine Mutter dann oft zu mir, »entschuldige dich bei ihm, auch wenn er im Unrecht ist.«

Geschlagen wurde ich selten. Höchstens zwei oder drei Mal schnallte mein Vater seinen Ledergürtel ab. Ich wehrte mich nicht. Mir war klar, die Strafe mußte vollstreckt werden. Einziger Selbstschutz war, *mein* Schweigen dagegen zu setzen. Ich hatte Angst vor dem Schmerz, aber ich blieb trotzig, stumm und stolz, wenn ich glaubte, im Recht zu sein. Das ärgerte meinen Vater noch mehr, weil er eigentlich nicht schlagen wollte. Ich hatte ihn dazu gebracht, die Kontrolle über sich zu verlieren. Einmal brach er in Tränen aus und schimpfte bitter über mich, daß ich ihn mit meiner »Unart so weit getrieben« hätte. Bemerkenswert: *Ich* wurde geschlagen, und von *mir* wurde Mitleid mit dem, der schlug, erwartet.

Ab und zu hatte ich auch Spaß an der Musik. Ja, es gelang ihr sogar, mich mit den vorüberziehenden Stimmungs- und Erziehungsgewittern zu versöhnen, denen ich ausgesetzt war.

Eine Zeitlang spielte mein Vater zusätzlich zu seinem offiziellen Dienst im Symphonieorchester in einem Salonorchester für einige Kinos in Riga die damals üblichen musikalischen Vorprogramme. Ich war noch zu klein, um ihn begleiten zu dürfen. Bevor er das Haus verließ, packte er gelegentlich das Saxophon oder die Mundharmonika aus und spielte für mich. Es waren immer wieder dieselben Melodien oder zumindest ähnliche, die er mir vorspielte. Er machte das aber so fabelhaft, daß ich wie verzaubert das Gefühl hatte, die Melodien spielten von alleine und er hielte nur das Instrument. In diesem Bild drücken sich für mich bis heute eine musikalische Leistung aus und der ideale Zustand, in dem ich das Musikinstrument als Fortsetzung des Körpers, des Atems und der Seele empfinde.

Bei meinen Großeltern hörte ich, damals fünf oder sechs Jahre alt, Schallplatten, die mir gefielen. Bei den »Präludien« nach Dante und der »Zweiten Ungarischen Rhapsodie« von Liszt, dirigiert von dem in der Sowjetunion sehr bekannten Nathan Rachlin, sprang ich mit einem Stöckchen in der Hand auf der Couch herum und versuchte, die Einsätze und den Rhythmus der Aufnahmen zu treffen. Es gelang mir gut: Das Orchester spielte »richtig«, nach *meinen* Schlägen. Ich gab den Ton an!

Im Sommer auf der Datscha zog mich ein Orchester an, das sich nicht nach mir richtete und viele »falsche« Töne spielte: das Zirkusorchester.

Zirkus – ein magisches Wort. Entrückt, mit offenem Mund und aufgerissenen Augen saß ich in der Manege. So hat mich KIO, der große Zauberer, höchstpersönlich auf ein Foto gebannt. Die Polaroid-kamera gehörte damals noch zu den Tricks des Magiers, der seinen Namen einer nichtfunktionierenden KINO-Leuchtreklame verdankte.

Meine Muskeln waren bis zum äußersten gespannt, wenn der »stärkste Mann der Welt« sich unter ein Brett legte, über das dann ein POBEDA fuhr, ein Auto, das ich täglich auf der Straße sah.

Die Welt stand für mich Kopf und roch nach verbranntem Öl, wenn die Steilwandfahrer auf ihren Motorrädern mit ohrenbetäubendem Lärm eine senkrechte Wand hinauf- und hinunterfuhren. Der Mut, die Dinge auf den Kopf zu stellen, die gewohnten Abläufe ins Ungewöhnliche zu verkehren, das ist für mich bis heute Zirkus. Wenn die Dompteuse Irina Bugrimowa ihren Kopf in den Rachen der Löwen und Tiger legte und der Geruch der wilden Tiere die Arena füllte, hielt ich den Atem an, während ich bei den ballspielenden Filatov-Bären und den walzertanzenden Hündchen der Durov-Familie gerne mitgespielt hätte.

Ich konnte den Blick nicht von den Akrobaten in der Zirkuskuppel lassen, wenn sie von Trapez zu Trapez flogen. Einmal spürte ich, daß Großvater bei den halsbrecherischen Sprüngen und Saltos nach meiner Hand griff. Ich schaute kurz zu ihm und sah, daß er die Augen geschlossen hatte. Ich fand das albern, weil die Akrobaten da oben ihre Kunststücke auch für ihn machten. Aber wenn dann Karandash auftrat, der Clown im Kostüm eines Bleistiftes, und seine endlosen Witze machte, vergnügte sich auch Großvater wieder offenen Auges.

Zurück auf der Datscha veranstaltete ich dann eigene Vorstellungen. Ich konnte zwar höchstens vom Bett auf die Türklinke steigen und mich mit Schwung von der Tür zum gegenüberliegenden Bett tragen und dort hineinfallen lassen, konnte noch nicht einmal Purzelbaum schlagen, aber ich verkaufte Karten, verlangte eine Kopeke pro Platz und entsetzte mit meinem früh entwickelten Geschäftssinn einige der eingeladenen Nachbarn. Der Wunsch, als Künstler aufzutreten, in der Öffentlichkeit und im Licht der Scheinwerfer zu stehen, Erfolg zu haben, war schon früh in mir, besonders nach Zirkusvorstellungen.

Aber das sind wohl nur Träume, dachte ich für mich, wenn ich wieder einmal keine Lust hatte zu üben. Ich wäre lieber Akrobat geworden, aber dafür hatte man ja keine Begabung bei mir entdeckt.

»Wenn du etwas werden willst«, sagte der Vater streng, »mußt du vor allem *üben*.« Leider hatte er recht. Es war nicht schwer für mich, das zu begreifen. Hatte ich geübt, konnte ich die Stücke besser spielen. Außerdem war ich begabt, und die Eltern glaubten daran und förderten mich. Konnte ich Tagträumer da ihre Pläne sabotieren?!

Als Kind hatte ich ständig das Bedürfnis, meine Mutter schützen zu müssen, so besorgt schien sie um alles zu sein.

Obwohl sie eine leidenschaftliche Beziehung zur Musik hatte, war ihr die Arbeit im Orchester eher freudlos und plagte sie. Sie tat sie aus einem Pflichtbewußtsein heraus und begriff sie als nötige Einkommensquelle für die Familie.

Die Begabung meiner Mutter ist unter die Räder der Geschichte gekommen, als die Nazis meine Großmutter, die sich als Deutsche fühlte und christlich erzogen worden war, aufgrund ihrer Abstammung zur Jüdin machten. Das bedeutete für meinen Großvater, der vor der Machtergreifung Hitlers die deutsche Staatsangehörigkeit angenommen hatte, den Verlust seiner Arbeit und für ihr Kind Marianne, meine Mutter, das Verbot, weiter das Gymnasium zu besuchen. Meine schwedisch-deutschen Großeltern mußten das Land, das sie liebten, mit ihrer Tochter Mitte der dreißiger Jahre verlassen. Sie sind nach Estland in der Hoffnung emigriert, daß mein Großvater dort leichter eine Anstellung finden würde, weil schon sein Großvater an der Universität von Tartu Geschichte gelehrt hatte. Das stellte sich als Irrtum heraus, er bekam keine Arbeitserlaubnis und mußte mit Privatstunden und Konzerten die Familie unterhalten. Als die Sowjets 1940 die baltischen Länder annektierten, wurden alle Deutschen interniert, auch die Familie meiner Großeltern. Ihre Verhaftung stellte sich dann als Verwaltungsirrtum heraus. Wenige Monate zuvor war ihnen die estnische Staatsbürgerschaft zuerkannt worden, ein Umstand, der sie vor der Deportation rettete und zu Sowjetbürgern gemacht hatte. Bei Kriegsbeginn 1941 mußte die Familie wiederum vor den Deutschen fliehen. Die wochenlange beschwerliche Flucht ins Innere der Sowjetunion, eng zusammengepfercht in Viehwaggons, endete in Alma Ata, der Hauptstadt von Kasachstan, zweihundert Kilometer vor der chinesischen Grenze.

Die Ausbildung meiner Mutter fand während des Krieges statt. Sie war begabt, aber Begabung braucht Zeit, sich zu entwickeln, und die war ihr unter den Umständen nicht gegeben. Hinzu kommt, daß der Dienst im Orchester jede musikalische Wachheit auf die Dauer lähmt und zur Routine verkommen läßt. Ich glaube, daß meiner Mutter diese Zusammenhänge bewußt waren. In der Begabung ihres Sohnes sah sie die verlockende Perspektive eines durch Arbeit und Musik erfüllten Lebens. Ich wurde für sie zum einzigen Licht in ihrer Misere. Sie fühlte sich verantwortlich, mich zu fördern, und nahm dabei jede Last auf sich, kannte keine Grenzen im Verschenken ihrer Kraft und Liebe. Die Sorge um alle und alles wurde ihr Ton, war ihre Musik.

»Wenn du etwas werden willst, mußt du *vor allem* üben«, sagte der Vater. Wenn du viel übst, wirst du ein besseres Leben haben, vermittelte die Mutter.

Welche Motivationen auch immer dahinterstanden, Didi versuchte dem übermäßigen Druck auf seine »kindische Art«, wie sein Vater sagte, zu entkommen.

Was mich im Sommer neben den seltenen Zirkusvorstellungen, dem Kino, dem Fliegenvernichten und Fahrradfahren noch sehr beschäftigte, waren der Bahnhof und die Züge.

Jeder der kleinen Orte an der Küste von Jurmala hatte einen Bahnhof. Ich fuhr fast täglich mit dem Zug irgendwohin, um Freunde zu besuchen oder die Eltern von Proben in Dzintari abzuholen, wo regelmäßig in einem großen hölzernen Saalbau nahe am Strand Konzerte gegeben wurden. Weder die Außentüren der olivgrünen Eisenbahnwaggons noch die Schiebetüren im Inneren schlossen sich automatisch. Dieser technische Rückstand in meinem Heimatland war für mich ein Genuß. Es machte mir großen Spaß, von vorne bis hinten durch den Zug zu laufen und sämtliche Türen zu schließen. Einerseits entsprach das meinem Wunsch nach Ordnung, andererseits hatte ich dabei das Gefühl von Verantwortung: Ohne mich kann der Zug nicht fahren. Schaffner waren auf den kleinen Lokalstrecken nicht eingesetzt.

Mich begeisterte fast alles am Bahnhof: die Ankunft der Züge, die Abfahrt, die Ein- und Aussteigenden, die Fahrplanzeiten, der Fahrkartenverkauf – vor allem der Schalter von Tante Vera. Bald erlaubte sie mir nicht nur, die Karten für die verschiedenen Orte auszusuchen, ich durfte sie auch ausgeben und die unterschiedlichen Preise kassieren. Das alles fand ich außerordentlich spannend. Ab und zu ließ jemand ein paar Kopeken für mich liegen, das war meine erste »Gage«.

Wenn mit dem »Tag der Eisenbahner« dieser Beruf in der Sowjetunion geehrt wurde, dann fühlte auch ich mich gefeiert.

Meine Eltern schimpften, weil ich stundenlang in dem winzigen Bahnhofsschalter herumhing. Man hätte »teures Geld« (als ob es »billiges« gäbe!) bezahlt, um mir die Natur, den Strand, die Sommerluft zu ermöglichen. Mir war aber meine Tätigkeit an der Kasse wichtiger. Bis zu dem Tag, an dem sie nicht stimmte. Tante Vera mußte den Fehlbetrag aus der eigenen Tasche bezahlen. Das Mißgeschick war während meiner »Arbeitszeit« passiert. Ich konnte es kaum fassen, ich war doch immer aufmerksam gewesen. Die Angelegenheit war peinlich und führte zu einer Pause in meiner Tätigkeit als »Eisenbahnbeamter«.

Es gab noch etwas in der Nähe des Bahnhofschalters, das mich faszinierte. Jeden Morgen flogen große Säcke aus den Türen der Waggons auf den Bahnsteig: die *Zeitungen*. Die Säcke, der eine oder andere aufgerissen, wurden eingesammelt, die verschiedenen Ausgaben sortiert. Ich sog den Geruch der druckfrischen Zeitungen ein. Das war die Welt draußen, die eilte, überzeugen wollte, stritt, informierte. Schon damals las ich gern die Nachrichten. Auch wenn ich sie nicht verstand, gaben sie mir das Gefühl, etwas mit der großen Welt zu tun zu haben. Und noch heute kaufe ich in jeder Stadt bei der Ankunft als erstes die Lokalzeitung und will wissen, was los ist.

Die Sommerferien waren lang, sie dauerten beinahe drei Monate. Aber die Zeit verging schnell, für mich besonders, da das Üben meine Ferienzeit verkürzte. Ich mußte nicht nur regelmäßig Geige spielen, sondern ging auch regelmäßig im Meer baden. Das sei gesund, hieß es.

Das »notwendige« Übel Üben und das »gesunde« Baden wurden von mir registriert. Ich weiß nicht mehr, ob ich es mußte oder selbst wollte. Irgendwann wurde es jedenfalls bei mir zur fixen Idee, und ich *mußte* alles registrieren: Schachpartien, Clubvereinbarungen, Geldausgaben, die Fahrkartenverkäufe am Bahnhof von Vaivari, die Schallplatten vom Vater und vom Großvater, Briefe; ich führte Tagebuch und hatte ein schlechtes Gewissen, wenn ich es unterbrach. (Heute frage ich mich, ob es deutsches Erbgut war, was da zum Vorschein kam, oder nur eine Manie?)

Wenn ich pro Sommer summa summarum mehr als vierzig Bäder im Meer registriert hatte, war ich stolz auf mich. Das Ostseewasser hat eine Durchschnittstemperatur von nur $15-17°$ Celsius; es gehörte Mut dazu, hineinzutauchen. Der lange Weg durch das kalte Wasser vom Strand bis dahin, wo es tiefer wurde, die hohen Wellen der Brandung an manchen Tagen, die mich umwarfen, der scheußliche Geschmack des Meerwassers hinderten mich daran, Schwimmen zu lernen. Die Bemühungen meiner Mutter, es mir beizubringen, und ihre Aufforderung, mich zu bewegen, »dann wird dir warm!«, waren gut gemeint, aber wenn ich dann mit Gänsehaut, blauen Lippen und am ganzen Körper zitternd, mühsam von ihr über Wasser gehalten, meine Schwimmversuche machte, bekam sie es bald mit der Angst zu tun, daß ich mich erkälten könnte. Da man im Gegensatz zum Geigen sowieso nicht an meine körperlichen Fähigkeiten glaubte, bestand niemand darauf, daß ich Schwimmen lernen müßte. Erst zwanzig Jahre später, in der Wärme des Schwarzen Meeres, entdeckte ich plötzlich, daß Wasser nicht nur überwältigen, sondern mich auch tragen kann.

Die Dampferfahrt auf der Düna von Lielupe nach Riga war für mich jeden Sommer ein neues Abenteuer. Der Ausflug stand regelmäßig auf unserem Programm. Belegte Brötchen wurden mitgenommen. Langsam und stolz bewältigte das Schiff die Distanz. Das An- und Ablegen an den vielen Stationen, die wechselnden Passagiere, die im Vorbeiziehen sich ändernde Landschaft vermittelten mir das Gefühl einer Reise, die genauso aufregend und lang war wie spätere Kreuzfahrten auf dem Mittelmeer, dem Nil oder in den Nordmeeren. Ich konnte nicht ruhig sitzen, lief von einem Punkt des Decks zum anderen, hielt Ausschau und spielte »Kapitän«. An der Reling stehend, mit Blick auf Fluß und Ufer, bildete ich mir wie beim Dirigieren der Schallplatten ein, daß ich den »Ton« der Reise angab. Die Fahrt von Lielupe nach Riga dauerte nur drei Stunden, aber sie folgte dem Weg in die unbekannte Weite vorgestellter Abenteuer. Auf diesen Reisen empfand ich ein Gefühl von Grenzenlosigkeit, das ich aus Träumen und Märchen kannte.

Einen Sommer lang erlag ich auf der Datscha dem Badmintonfieber. Ich hatte eines Tages per Post ein Federballspiel aus der DDR bekommen. Internationaler Briefwechsel hatte bei uns Tradition und wurde von den Jugendzeitschriften, die ich regelmäßig las, sehr gefördert. Da mir schon einmal der Wunsch nach einer tollen, durchsichtigen und weitspritzenden Wasserpistole erfüllt worden war, hatte ich mich getraut, brieflich mein Interesse an Federballschlägern zu äußern, und tatsächlich bekam ich sie. Ich fand meine gleichaltrige Brieffreundin sehr generös und kam nicht darauf, daß Erwachsene dahinterstecken könnten. Deutsche, die vielleicht aus einem Schuldgefühl wegen der Nazizeit an mir etwas wiedergutmachen wollten. Wie auch immer, ich stürzte mich in das Spiel, konnte nicht genug davon bekommen, wollte gewinnen, tobte mich aus, bis ich nicht mehr konnte. Die neue Passion stürzte mich aber gleichzeitig in neue Gewissenskonflikte, wenn ich statt dessen üben sollte. Meinen Eltern gab sie ein neues Strafmittel in die Hand.

Riga, Jurmala, Lettland, – die Nähe Europas wirkte für viele Russen wie ein Magnet. Zahlreich reisten die Moskauer an, um ihre Ferien an der Ostsee zu verbringen. Vaivari, wo unsere Datscha stand, war ein abgelegener und deshalb auch etwas elitärer Ort. Künstler kamen gerne dorthin, um sich zu erholen. Der eine oder andere war dann bei uns zu Besuch oder zum Essen. Oft sollte ich bei solchen Gelegenheiten vorspielen, und dann wurde viel über meine musikalische Ausbildung geredet. Einmal bekam ich zu hören, ich übe zuviel, ein andermal, ich übe zu wenig. Mein Vater war eigensinnig und wußte grundsätzlich immer alles besser.

Eines Tages besuchte uns ein bekannter Geiger und fragte mich, wie lange ich täglich spiele. Ich antwortete: drei Stunden. Er belehrte mich: Dies sei zu wenig, man müsse täglich die Zahl an Stunden üben, die dem Lebensalter entspreche. Daraufhin fragte ich ihn, wie alt er sei, und hielt ihm mit großer Genugtuung vor, daß er täglich fünfundzwanzig Stunden Geige zu spielen habe.

Wenn ich dreißig oder vierzig Mal im Meer gebadet hatte, kam das Ende des Sommers. Die Familie kehrte nach Riga zurück, und das Federballspiel verschwand im Schrank.

Schon im Vorschulalter hat die Vorbereitung auf mein Berufsleben angefangen. Mein Üben war der Vorgeschmack auf das, was Arbeit bedeutete. Aber davor lag noch die Schule.

Als mich nach einem Sommer auf der Datscha der erste Schultag erwartete, war ich neugierig auf das Unbekannte und Geheimnisvolle, das sich Schule nannte.

In Riga

Meine Heimatstadt hat nicht nur eine lange Geschichte als Hansestadt, sondern auch Musiktradition. Richard Wagner und Gustav Mahler waren hier viele Jahre am »Deutschen Theater«, der Rigaer Oper, tätig.

Im Riga meiner Kindheit stand auf der Lenin-iela im Rücken der Statue Lenins das Freiheits-Denkmal. Lenin sah nach Osten; die Freiheitsstatue, eine Frau, die drei Sterne als Symbol für die baltischen Länder hochhält, in Richtung Westen. Das Lenin-Denkmal gibt es heute nicht mehr.

Nach dem bedrückenden und entbehrungsreichen Leben meiner Großeltern in Kasachstan während des Zweiten Weltkrieges fanden sie in Riga Zuflucht. Mein Großvater erhielt eine Anstellung am Rigaer Konservatorium. Der Weg zurück nach Deutschland blieb ihnen versperrt. Sie sahen es nie wieder.

In Riga lernten sich meine Eltern kennen. Mein Vater Markus war gebürtiger Rigenser, und auch ich kam in Riga zur Welt und ging dort auf die Schule.

Da ich ein begabtes Kind war, mußte es eine

besondere Schule sein. Der musikalischen Ausbildung räumte man im sowjetischen Schulsystem traditionell viel Raum ein. Überall im Land existierten Kindermusikschulen. Durchschnittlich begabten Kindern standen die Bezirksmusikschulen offen, für besonders Begabte spezielle Schulen, die neben den allgemeinen Fächern die musikalische Ausbildung der Kinder vom sechsten Lebensjahr an bis zum Konservatorium übernahmen. Die angesehenste Musikschule für Hochbegabte in Riga war die Emil-Darzin-Schule, und nach Meinung meiner Eltern kam einzig die für mich in Frage.

Bei der Aufnahmeprüfung spielte ich ein Vivaldi-Konzert, das mir mein Vater eingepaukt hatte. Ich erinnere mich, daß ich an den Händen geschwitzt habe. Warum ich nervös war, weiß ich nicht. Wahrscheinlich hatte ich Angst, steckenzubleiben und nicht mehr weiter zu wissen. Ich hatte damals noch keinen Begriff für diesen Zustand: »Lampenfieber« – es begleitet mich bis heute. Trotz meiner Nervosität habe ich einen guten Eindruck gemacht und wurde aufgenommen. Auch Papa war zufrieden, und meine bestandene Prüfung wurde in der Familie groß gefeiert.

Mein erster Lehrer, Professor Jakob Targonski, unterrichtete eigentlich keine kleinen Kinder. Er hatte an der Schule nur ausnahmsweise einige Schüler, sonst war er am Konservatorium tätig. Er war ein strenger Lehrer, trotzdem mochte ich ihn. Sein gelegentliches Lächeln und die Art, wie er mich mit einer Umarmung aufzumuntern verstand, machten seinen Ernst milder und annehmbarer als die gefühlsgeladene Unnachgiebigkeit meines Vaters.

Schon in den ersten Monaten an der Schule machte ich eine Erfahrung, die in bestimmter Weise prägend für mich war. Das Erlebnis grub sich tief in meine Erinnerung ein.

Meine Großmutter wurde vor allen Eltern, die in der Eingangshalle auf ihre Kinder warteten, von der Direktorin bloßgestellt, weil sie mir die Schuhe zuschnürte. Zu mir sagte die Direktorin, ich sei groß genug, das selber zu machen, und solle mich schämen. Sie hatte recht, ich konnte mir die Schuhe selber binden. Ich fühlte mich als verwöhnt ertappt, wurde rot und schämte mich wirklich. Alle schauten auf uns. Die Direktorin hatte es mit wenigen Worten geschafft, mich und meine Großmutter in aller Öffentlichkeit zu erniedrigen.

Schon mit anderthalb Jahren sagte ich oft: »Didi sam!«, was soviel bedeutete, daß ich etwas selber machen *wollte*. Jetzt aber wurde es zu einem »Muß« für mich und führte später dazu, daß ich andere häufig überforderte. Bis heute empfinde ich gelegentlich Angst, von Autoritäten beschämt zu werden, und glaube, alles selber machen und – wie die Mutter – für alles die Verantwortung übernehmen zu müssen.

Den Weg zur Schule ging ich jedenfalls nach dem Vorfall mit der Direktorin bald alleine und wollte nicht mehr von Erwachsenen begleitet werden.

Vor einigen Jahren besuchte ich Riga und stellte fest, daß meine Schule nur drei Tramstationen von Zuhause entfernt war, etwa fünfzehn Minuten zu Fuß. Als Kind schien es mir ein unendlich weiter Weg: *drei* Stationen *und* dann noch *vier* Straßenübergänge.

Riga liegt weit nördlich. Die Morgenstunden im Winter waren dunkel, und die Temperaturen sanken nicht selten bis fünfzehn oder zwanzig Grad unter Null, bis an die Grenze, ab der wir zu Hause bleiben durften.

Es war eigenartig, dieses Morgengefühl: das plötzliche Licht im Zimmer, in dem ich schlief, Mutters Stimme: »Aufstehen, es ist Zeit zur Schule!«, die jedes Träumen unterbrach. Dann das Tag für Tag sich wiederholende: »Gut, noch fünf Minuten, aber nicht mehr!« Das Auskosten dieser Frist. Die bleierne süße Zeit zwischen Halbschlaf und Wachsein.

Dann der Schulweg. Das Warten im Dunkeln an der Haltestelle, die Wärme der sich nähernden Lichter der Straßenbahn, das Gedränge im Wagen.

In Riga war damals gerade ein neues, moderneres Straßenbahnmodell probeweise in Betrieb genommen worden. Wenn ich mich richtig erinnere, kam es aus der Tschechoslowakei, fuhr leise, fast geräuschlos und war rot-gelb (!) lackiert. Ich überredete meine Großmutter öfter, mit mir solange an der Haltestelle zu warten, bis die »Neue« anrollte, um dann eine Rundfahrt zu machen. Einmal warteten wir nahezu eine Stunde.

Auf meinem Schulweg war die »Neue« nicht eingesetzt worden. Die alten Trams, die mich zur Schule brachten, rumpelten, quietschten in den Kurven, krachten in den Fugen und blieben oft aus unerfindlichen Gründen mitten auf der Strecke stehen. Verspätungen gehörten zum Alltag.

Trotzdem war ich meist pünktlich und mußte erst beim Hausmeister die Schlüssel holen, um das Klassenzimmer aufzusperren. Stand ich dann allein in der Klasse, schien mir die Bemühung, zeitig zu sein, sinnlos. Bis heute leide ich unter diesem deutschen Erziehungsrelikt. Die Verspätung der anderen bedeutet ja, daß ich zu früh bin. Personen, die mehr innere Gelassenheit der Zeit gegenüber haben, profitieren von Leuten wie mir, denen die Pünktlichkeit zum Zwang geworden ist. Pünktlichkeit ist eine königliche Tugend, bringt aber selten Vorteile.

Wichtig war mir, auf dem Schulweg eine Zeitung zu kaufen, um schon vor der ersten Stunde das Neueste zu erfahren. Ausgerechnet mich, der als körperlich unbegabt galt und sich selbst auch dafür hielt, interessierte Sport.

Die Sportzeitung war auf lettisch. Das half mir, meine dritte Sprache zu lernen. Ich hatte zwar lettische Freunde, und auch in der Schule war Lettisch Pflichtfach, aber zu Hause wurde ausschließlich Deutsch und Russisch gesprochen.

47

Neben der Sportzeitung häuften sich andere Zeitschriften und Broschüren auf meinem Schulschreibtisch. Ich entwickelte eine Art Lesesucht, eine Wißbegierde nach allem möglichen. Ich wollte auf dem laufenden sein. Das »Laufende«, das sich ständig Ändernde, wo drückt es sich besser aus als im Sport?!

Mich interessierte vor allem Basketball, das in Lettland fast als Nationalsport galt. Den lettischen VEF, SKA, der Frauenmannschaft TTT gelang es oft, die höchsten Preise bei den Wettkämpfen in der Sowjetunion zu gewinnen. Die TTT war mehr als zehnmal Meister der UdSSR. Ich kannte alle Namen der Spieler, verpaßte kaum ein Spiel im Fernsehen und kaufte mir die neuesten Bücher über die Technik des Spiels. Fast fanatisch trieb es mich, alles darüber zu erfahren. In der Schule begeisterte ich meine Klasse dafür und brachte ihnen die Regeln bei. Das Groteske daran war, daß ich kaum je ein Spiel mitmachte. Meine Begabung stand dazwischen. Zu Hause hatte man mir beigebracht, auf meine Hände aufzupassen. Die Hände seien »wichtiger als alles andere«, hieß es. Die Klassenkameraden, keine so großen Spielfanatiker wie ich, enttäuscht von meinen praktischen sportlichen Leistungen, ließen mich oft gar nicht erst mitspielen. Mit und ohne Ball waren sie geschickter als ich. Mir kam es so vor, als bewegten sie sich mutiger, hemmungsloser, auch rhythmischer. Es fiel ihnen leichter, sich in die notwendige Spielwut hineinzusteigern, was mir nur bei Federball gelang. So blieb mein Engagement für die Perfektion und Präzision des Basketballspiels eher ein theoretisches. Wenn ich überhaupt einmal mitspielen durfte, gab ich mir zwar Mühe, die Profis zu imitieren, schaffte es aber nur selten, den Korb zu treffen. Meine Absichten waren die besten, nur meine Spieltechnik war ihnen nicht gewachsen. Die Lehrbücher halfen mir nichts. Das Umsetzen der Theorie in die Praxis war für mich ein mühsames und letztlich hoffnungsloses Unterfangen. Trotzdem oder gerade deshalb blieb mir eine Trainingsregel im Gedächtnis: Wenn man den Ball von einer bestimmten Stelle des Spielfeldes aus in Richtung Korb wirft und diesen nicht trifft, soll man es von anderen Positionen aus versuchen, bis man Erfolg hat. Dann soll man unbedingt wieder auf die erste Position zurückkehren und jetzt erneut versuchen, den Korb (hoffentlich!) zu treffen. Dieses Verfahren ist auch Pianisten, Geigern und anderen Instrumentalisten zu empfehlen. Paganini und Schumann, Schönberg und Bartók stellen mit ihren Partituren jede Art »Notenkorb« auf das Spielfeld der Musik.

Wieder bin ich beim Schreiben ins Heute »gerutscht«. Gidon damals, Gidon heute. Ich war am Anfang der Schulzeit.

Vor dem in der Theorie steckengebliebenen Versuch, als Basketballspieler meiner Karriere als Geiger zu entkommen, gab es noch andere. Als ich in die Schule kam, hatte ich den dringenden Wunsch,

Trommler zu werden. Die Vorstellung, durch die Straßen zu gehen und allen *meinen* Rhythmus aufzutrommeln, begeisterte mich. In meiner Familie konnte ich niemanden dafür gewinnen. Mag sein, daß mein Wunsch, Trommler zu werden, bei meinen Eltern unterschwellige Mißtöne auslöste: Trommeln hat mit Militär zu tun, mit Krieg, mit dem politischen System, mit Pionierorganisation und Massenveranstaltungen, die in meiner Familie verpönt waren. Mag sein, daß mein Wunsch nach Gemeinschaft und eigenständiger Aktivität bei meinen Eltern Assoziationen auslöste, die mit unangenehmen Erfahrungen verbunden waren, mit denen ihr Sohn nicht in Berührung kommen sollte. Aber so wurde das nicht mit mir verhandelt. Man lachte mich aus, und der Trommlerkurs im Haus der jungen Pioniere blieb mir versperrt. Genauso erging es mir mit vielen anderen Dingen, die mich neben dem Geigenspiel beschäftigten. Meine Suche, mein Interesse daran schien den Erwachsenen gerade gut genug, um mich als Kindskopf abzustempeln. Egal, ob es das Briefmarkensammeln war oder das Verschicken eines Kettenbriefes, der einem tausend und mehr Rubel versprach, wenn man nur vorher an fünf Adressen einen Rubel geschickt hatte. (Anstatt mich mit dem mühsamen und zeitraubenden Violinspiel zu plagen, wäre ich damit leicht Millionär geworden!, hätte mir ein Sportrad kaufen können und, und, und.) Zumindest versprach das Spiel eine Überraschung. Aber meine Eltern hatten für derlei kein

Verständnis. Ihre Gewissenhaftigkeit setzte mir Grenzen.

Schade! denke ich noch heute.

Schaden von mir abzuwenden war die große Sorge meiner Eltern. Genauer: Schaden, den meine »Berufung« als Geiger hätte nehmen können. »Paß auf deine Hände auf!« warnte mich die Stimme der Eltern vor Sport; vor Ausflügen zum Zelten stand der Satz: »Nein, du wirst dich erkälten!«, und von Freunden, die ihnen nicht gefielen, sagten sie: »Was findest du an diesem Nichtstuer?«

Ganz anders war die Welt meiner Großeltern. Schon an ihrer Wohnungstüre begrüßte mich mit lautem Bellen Rex, ihr Hund. Er war ein Mischling und nicht der Tapferste, weil er angeblich als junger Hund von Kindern mit Steinen beworfen worden war. Mir aber vermittelte er das Gefühl, mein treuester Freund zu sein. Vor allem verlangte er nichts von mir. Er war zufrieden, wenn ich ihn streichelte, und schon gab er Pfötchen. Ich aß wahnsinnig gern sein Fressen: trockenes Brot, eingeweicht in Kaffee. (Jawohl, Kaffee, schließlich war sein Herr Professor ...) Selbst als ich Rex eines Tages unabsichtlich auf seinen Schwanz trat mit der für mich katastrophalen Folge, daß ich von ihm gebissen wurde, konnte das meine Freundschaft zu ihm nur so lange abkühlen, bis die Wunde verheilt war.

Mein Großvater, Karl Brückner, war eine außergewöhnliche Persönlichkeit als Mensch, Geiger, Lehrer und Musikhistoriker. Schon in seiner Kindheit in Schweden galt er als Wunderkind, spielte in vielen Konzerten und trat auch vor der königlichen Familie auf. »Ein betäubender Beifallssturm begrüßte den kleinen fünfjährigen Sohn Gustav Brückners, der mit unerschütterlicher Sicherheit und geradezu olympischer Ruhe einige Stücke auf der Violine vortrug«, las ich in einer Kritik aus dem Jahre 1899. Später machte er in Deutschland seinen Doktor in Musikwissenschaft und Philosophie. In Karlsruhe, wo dann auch meine Mutter geboren wurde, lernte er seine Frau Nora kennen.

Er interessierte sich für alles. Regelmäßig trafen Postsendungen mit den neuesten Kompositionen der Violinliteratur ein, Partituren von Rosza, Ben-Haim, Bacevicz und vielen anderen. Dank seiner Sprachkenntnisse konnte er Kontakte mit Künstlern aus aller Welt pflegen. Ich erinnere mich, wie er sich bei dem Besuch des schwedischen Tenors Yussi Björling mit ihm und dessen Frau in seiner Muttersprache Schwedisch unterhielt und wie er sich darüber freute. Ich hörte die Sprache gern, auch wenn ich sie nicht verstand.

Als unlängst in einem Film der Satz fiel: »Wir Schweden sind Wahrheitssucher«, erinnerte mich das an meine Herkunft vom Großvater. Regelmäßig hörte er Radio und verfolgte aufmerksam ausländische Nachrichten. Als 1956 die Sendungen aus Ungarn große Aufregung zu Hause auslösten, saß er bis spät in die Nacht auf der Suche nach verschiedenen Sendern vor dem Rundfunkgerät. Über die verzweifelten Aufrufe an die Welt: »Die Russen kommen. Helft uns...« wurde tagelang im Haus mit Freunden im Flüsterton geredet. Ich hörte das Wort »Krieg« heraus und »sie schießen«, »Gewalt« und »arme Menschen«. In der Schule war laut die Rede von »Konterrevolution« und »reaktionären Nationalisten«. In den Zeitungen sah ich Bilder von sowjetischen Panzern und Leichen. Als Kind ahnte ich etwas von dem tragischen Ernst der Ereignisse. Auch wenn ich über die politische Auseinandersetzung noch nichts wußte, »wußte« mein Gefühl, daß die politische Meinung zu Hause nicht der offiziellen entsprach, der ich mich durch ständiges Wiederholen in der Schule fügen mußte.

Zwischen seinen Unterrichtsstunden setzte sich mein Großvater an die Schreibmaschine, die er nur mühsam beherrschte, und widmete sich der Geschichte, seiner eigenen und der der Musik. Zwischendurch, unvermittelt während der Arbeit oder mitten im Gespräch, stieß er Sätze aus wie: »Alle sind Idioten!« Diese Ausrufe waren so herb und häufig, daß niemand in der Familie sie sonderlich ernst nahm.

Einmal mußte er sich bei nur lokaler Betäubung einer schmerzhaften Operation unterziehen, die mehrere Stunden dauerte. Er bat den Arzt, singen zu dürfen, weil er nicht schreien wollte.

Nach dem Kaffeetrinken fand er Spaß daran, den Kaffeesatz mit dem Löffel zu essen. Auf den Tadel der Großmutter: »Was machst du da wieder?« antwortete er mit Genugtuung: »Was willst du, *das* ist es doch, was das Geld kostet!«

Noch ein anderer Satz meines Großvaters sank tief in mich hinein und hat mich bis heute begleitet: »Das Schönste im Leben sind Blumen, Sterne und Kinderaugen.« Ich weiß nicht, ob der Satz von ihm stammte oder ein Zitat ist. Für mich drückt sich darin die ganze Weite und Buntheit der Dimension dieses Künstlers aus.

Mein Großvater war voller Widersprüchlichkeiten. Als Professor und Musiker hochkultiviert, saß er am Tisch und aß mit großer Gelassenheit »wie ein Schwein«. Die Großmutter schimpfte darüber und mußte ihm immer eine Serviette um den Hals binden, weil ihm ständig beim Essen etwas aus dem Mund auf die Weste fiel, abgesehen davon, daß er das Tischtuch bekleckerte und auf den Boden krümelte. Ihm schien das nichts auszumachen, wie er überhaupt in seiner äußeren Erscheinung nachlässig, ja fast ein wenig abstoßend wirkte.

Obwohl ich Großvaters Unsitte beim Essen sehr wohl als solche wahrgenommen habe, habe ich sie offenbar gegen meinen Willen, aber erfolgreich, weil genüßlich, übernommen und fortgesetzt. Erst vor einigen Jahren hat mir eine Freundin die Grundregeln der Tischetikette beigebracht.

Ein anderer seiner Widersprüche, der sich auch zum Teil in mir fortgesetzt hat, war, daß er als anerkannter und von der Kritik gefeierter professioneller Geiger, der zudem einen ausgesprochen natürlichen Kontakt zu seinem Instrument hatte, vor dem Spiel seine Geige kaum stimmte. Hie und da passiert mir das auch. Ich messe dem keine große Bedeutung zu, weil ich mich beim Spielen absolut auf mein Gehör verlassen kann, aber damals empfand ich es als widersprüchlich. Genauso wie die Tatsache, daß Großvater sehr viel wissenschaftlich arbeitete, sich intensiv auch mit der zeitgenössischen Musik auseinandersetzte, viel darüber schrieb, aber wenig davon veröffentlicht wurde, obwohl er ein begehrter musikwissenschaftlicher Gesprächspartner war und mit aller Welt in Briefkontakt stand. Seine Ansichten und Einsichten überzeugten wohl mehr durch seine Persönlichkeit als durch seine Manuskripte, die nur wenig Resonanz fanden.

Ein Bild dafür habe ich noch vor Augen: in der kleinen Wohnung der Großeltern drängen sich viele Menschen, überall respektvolle Gesichter, freundliche Worte und Blumensträuße. All das schien den »Professor Brückner« zu würdigen.

Sein Geigenspiel habe ich nur noch an seinem Lebensabend bewußt erlebt. Sein Üben begeisterte mich nicht. Ich empfand es eher als schlimm, wie er nach der entsprechenden Tonhöhe suchte. Ob es die neue Musik war, für deren Dissonanzen ich noch kein Ohr und kein Verständnis hatte, oder das Alter, das seinen Fingern ungelenk im Wege stand, kann ich nicht beurteilen.

Ich weiß auch nicht, ob ich viel von meinem Großvater gelernt habe. Sicher aber haben seine Neugier an allem Unbekannten und seine Behauptung, daß man den zu spielenden Ton erst »in sich selber erhören« muß, den Gidon von heute mitgeprägt.

Meine Großmutter, die einzige in der Familie, die kein Instrument beherrschte, versorgte alle. »Sie spielt auf den Kochtöpfen«, habe ich einmal stolz formuliert, als Schulkameraden mich fragten, welches Instrument meine Großmutter spiele. Sie war Großvaters wichtigste Stütze und meiner Mutter ständiger Zufluchtsort. Omi hatte ein warmes Herz und wahrscheinlich mehr Zeit und Verständnis für mich als alle anderen in der Familie. Ich glaube, sie hatte mich einfach gern – *mit* Violinspiel, aber genauso *ohne*. War ich bei ihr, durfte ich auch »einfach nichts tun«. Nichtstun war damals eine Lieblingsbeschäftigung von mir. Viele Kinder tun oft gerne nichts. Meine Tochter zum Beispiel. Ich kann sie zwar begreifen, aber mir fehlt als Erwachsener die Toleranz meiner Großmutter. Vermutlich drückt sich im Stolz der Eltern auf »fleißige« Kinder auch der eigene verdrängte Wunsch nach »Faulheit« aus. Ich bin im Laufe meines Lebens zu einem Arbeitstier geworden. Diese Eigenschaft hat bei mir mittlerweilen objektiv zwanghafte Züge angenommen. Mich zu

Ich möchte folgende AKIK-Materialien bestellen:

Best.-Nr.   Anzahl   Einzelpreis   gesamt

___	___	___	___
___	___	___	___
___	___	___	___
___	___	___	___
___	___	___	___

Preis der Materialien   DM ____
zuzügl. Versandkosten*   DM 5,00

* Versandkosten von DM 5,00 **entfallen** bei Best.-Nr. 01, 70, 71 und 95
* Versandkosten **erhöhen sich** um DM 4,00 bei Best.-Nr. 53, 83-85, 97 (A3)

Ich Interessiere mich

für eine
Mitgliedschaft im AKIK
und bitte um Zusendung
eines Beitrittsformulares
und der Satzung

[ ]

Bestellabschnitt

Absender bitte gut lesbar schreiben

PLZ   Ort

Bitte legen Sie bei Bestellungen bis zu DM 15 (incl. Versandkosten) den Gegenwert in Briefmarken bei.

Alle übrigen Beträge an:
AKIK-Bundesverband
Naspa Oberursel
Konto-Nr. 258 048 202
BLZ 510 500 15

AKIK-Bundesverband
Geschäftsstelle
Kirchstr. 34
61440 Oberursel

überfordern fällt mir leicht; mich zu entspannen, nichts zu tun, zu ruhen – selbst mit der sicheren Aussicht auf Vergnügen –, dazu muß ich mich heute überwinden.

Das Zuhause bei den Großeltern nannte ich »Sanatorium«. Es war mein Begriff für das Gefühl, wenn ich an den Sonntagmorgen zwischen Omi und Opa aufwachte, die Daunendecke über mir und Rex am Fußende, der uns die Füße wärmte.

Von meinen Eltern lernte ich, wie man mit Arbeit Probleme umgehen kann. Aus welcher Quelle sich ihr Pflichtbewußtsein und ihre Arbeitsamkeit auch speisten, beides war ihnen selbstverständlich geworden, und beides verlangten sie selbstverständlich von ihrem Sohn. Was meine Eltern mir nicht mitteilten war, daß man mit Arbeit nicht alle Lebensprobleme bewältigt, und ich konnte damals noch nicht verstehen, daß der Grund ihrer Arbeitsbesessenheit zum Teil die Not und nicht die Freude war. Manche Quelle ist trüb.

Meine Mutter litt häufig unter Kopfweh. Das hinderte sie nicht, wann immer die Arbeit es ihr erlaubte, sich um mich zu kümmern, mich zu versorgen und mir bei den Hausaufgaben zu helfen. Sie war gewissenhaft in jedem Bereich. Sie übte viel, manchmal auch gemeinsam mit meinem Vater. Die schwierigen Passagen im Repertoire, gleich ob aus den Werken von Richard Strauss, Richard Wagner oder von zeitgenössischen Komponisten, machten sie nervös. Sie fand in ihrer Arbeit keine Ruhe und auch die nötige Distanz nicht. Anstelle innerer Gelassenheit wurde meine Mutter fast zwanghaft von einem Pflichtbewußtsein getrieben. Obwohl sie weder politisch aktiv noch Parteimitglied war, gelang es ihr nicht, sich den für alle obligatorischen politischen Seminaren auf irgendeine Art zu entziehen. Sie hatte Angst vor den Konsequenzen, sicher auch aus Sorge um die Familie. Wer sich drückte, hatte mit sozialen Repressionen zu rechnen, wer sich offen wehrte, mit Schlimmerem. Anders als mein Vater, der es leichter hatte, sich innerlich von dem verordneten politischen Engagement zu distanzieren, mußte sie sich in gewisser Weise damit identifizieren. Sie war im Gegensatz zu meinem Vater eine Fremde im Land und fürchtete vielleicht auch, nicht anerkannt und respektiert zu werden, als »Ausländerin« zu gelten, wenn sie die Normen nicht erfüllte. Ihre deutsche Erziehung zur Gründlichkeit trug Früchte. Wie für eine Schulprüfung bereitete sie sich stundenlang auf die Politseminare vor. Pflichtbewußt schrieb sie Hefte voll mit Notizen und endlosen Zusammenfassungen über sämtliche, vom jeweils letzten Parteitag beschlossenen Korrekturen des politischen Kurses. Ich kann mich nicht daran erinnern, daß über die Inhalte jemals zwischen ihr und meinem Vater mit ernsthaftem persönlichen Interesse geredet worden wäre. Und auch wenn sie die Pflichtübungen absolviert hatte, sah ich nie Freude in ihrem Gesicht. In meiner Erinnerung heute höre ich eher ihr Klagen über Kopfschmerz und Migräne. Erst später wurde mir klar, daß es für die Generation meiner Eltern wenig Raum in der Gesellschaft gab, der nicht vom Staat kontrolliert war und in dem so etwas wie eine freie geistige Auseinandersetzung hätte stattfinden können.

Mein baltisch-jüdischer Vater hatte die Verfolgung der Nazis überlebt. Vielleicht nahm er gerade deshalb die vom Staat verlangten Pflichten nicht so genau und umging sie, wo er nur konnte. Überhaupt war er in vielen Bereichen des Lebens lockerer und nicht so pedantisch pflichtbewußt wie meine Mutter. Neben der Musik und seinem Beruf als Orchestermusiker hatte er noch andere Interessen, die er pflegte, um nicht in der Monotonie des Orchesterdienstes zu versacken. Er unterrichtete gerne und gab private Nachhilfestunden. Den Nebenverdienst, den das einbrachte, investierte er in seine persönlichen Leidenschaften. Mein Vater sammelte vieles und war ein Liebhaber schöner Bücher. Oft stand er nächtelang Schlange vor Buchläden, um an bestimmte Bücher zu kommen, die unter den Begriff Defizitware fielen. Gesamtausgaben von Turgenjew, Gogol, Dostojewski, Stefan Zweig, von Tschechow und Jules Verne bis zu den Märchen aus 1001 Nacht standen in dem großen Bücherschrank, der eine ganze Wand in dem Zimmer einnahm, in dem ich schlief. Einiges davon durfte ich nicht lesen, dafür sollte ich erst »klug und erwachsen« werden, wie sich mein Vater ausdrückte. Er wies mich bei allen möglichen Gelegenheiten darauf hin, daß sich der *Schechel**»da oben« befinde. Wenn er dabei in seiner ganzen Größe vor mir stand und auf seinen Kopf deutete, kam ich mir klein vor. Unerreichbar aber schien mir die Klugheit meines Vaters nicht. Großwerden, um zu verstehen, war für mich nur eine Frage der Zeit.

Manchmal stand ich allein vor den Regalen und suchte mit den Augen die verbotenen Bücher. Hin und wieder nahm ich das eine oder andere heimlich in die Hand, um den Reiz des Verbotenen auszukosten, und auch, um mich zu vergewissern, was mein Vater behauptete. Ich fand, was ich dort las, langweilig, aber dennoch geheimnisvoll, und natürlich verstand ich das meiste nicht.

Mit großer Spannung habe ich die Bücher von Erich Kästner verschlungen. »Emil und die Detektive«, »Pünktchen und Anton«, aber auch »Timur und sein Trupp« und andere Geschichten von Arkadi Gaidar gehörten dazu. Sicher waren diese Erzählungen von Solidarität und Jungen Pionieren stark idealisiert und historisch unwahr, aber mich berührte ihre emotionale Aussage. Autoren wie Kästner, Gaidar und andere bestärkten mein Interesse, mit Freunden »Clubs« zu gründen, und prägten

---

* Schechel, jiddisch: Vernunft, Verstand.

meinen Wunsch, mich gemeinsam mit anderen einer Aufgabe zu widmen. Solidarität, das war für mich das Gefühl von Schutz und Stärke gleichermaßen.

Ich las immer mehr und tauchte immer tiefer in die Welt der Bücher ein. Ich erinnere mich noch heute genau an die Umschläge, ja sogar an das Schriftbild mancher Ausgaben.

Die Bibliothek meines Vaters, neben der ich geschlafen habe, mit der ich aufgewachsen und an der ich gewachsen bin, gibt es heute nicht mehr. Die Bücher wurden teilweise verkauft, verschenkt oder gingen verloren, als meine Eltern wieder nach Deutschland übersiedelten. Ihr Verlust schmerzt mich heute; nicht, weil die Bibliothek einen materiellen Wert darstellte, sondern weil in ihr etwas von mir aufgehoben war, was mich heute ausmacht.

Neben seinen Büchern interessierte sich mein Vater für technische Apparate. Fast leidenschaftlich verfolgte er die Entwicklung der Tonbandgeräte und setzte alles daran, das jeweils neueste Modell zu besitzen. Es ging ihm dabei weniger um den Nutzen der Qualität als um den letzten Stand der Technik, die Extras und das Markenzeichen.

Geliehene Schallplatten und eigene, die er vor zu häufigem Abspielen schonen wollte, überspielte er auf Band. Die Aufnahmegeräte dienten aber auch dazu, meine Fortschritte zu dokumentieren, und das wiederum war ihm ein Argument, sein kostspieliges

Hobby vor der Familie zumindest teilweise zu legitimieren.

Seine Plattensammlung war ihm so wichtig, daß er sie in einem abgeschlossenen Schrank verwahrte, zu dem nur er den Schlüssel hatte. Ihr Schwerpunkt waren die Werke für Violine. Mein Vater versuchte, mir über diese Schallplatten Maßstäbe der Interpretation zu vermitteln. Ich war lange ein begeisterter Hörer seiner Sammlung. Erst als ich älter wurde und die Zeit des Suchens nach mir selbst begann, widersetzte ich mich dem Gewohnten und dem von ihm besonders Geschätzten. Ab und zu hörte ich bei Felik Schallplatten. Die Sammlung bei ihm zu Hause hatte ein breiteres Repertoire. Ich ließ mich von Orchesterstücken und Opern verführen, die es in der Sammlung meines Vaters nicht gab. Ich spürte das Bedürfnis, sein Urteil und seinen Geschmack für mich in Frage zu stellen. Er reagierte darauf mit Hohn. Ich sei einfach noch zu dumm, sagte er, um das Wahre, Gute und Schöne zu erkennen. Das traf mich manchmal, konnte aber mein Interesse nicht einschüchtern, herauszufinden, warum mich das eine faszinierte und das andere nicht. Langsam erkämpfte ich mir das Recht, die Dinge anders zu sehen und zu hören. Zu Hilfe kamen mir dabei gelegentlich die Meinungen meiner Großeltern und die meiner Mitschüler. So dumm, wie mein Vater behauptete, konnte ich nicht sein. Ich war nur anders und begann, ich selber zu werden. Trotzig versuchte ich ihm das zu erklären.

Irgendwann sperrte er seinen Plattenschrank nicht mehr ab und erlaubte mir den Zugang. Es gab Platten in seiner Sammlung, die sich dort wie zufällig und gegen seine Geigerbesessenheit verirrt hatten. Die hörte ich jetzt. Chopin mit Alfred Cortot, Mahler mit Bruno Walter, Quartette, Trios. Immer weniger interessierten mich die Aufnahmen von Violinmusik. Es ist seltsam, aber nicht arrogant von mir gemeint, daß ich bis heute kaum Platten von Geigern höre. Vielleicht habe ich zuviel gehört oder einfach genug zu tun mit den eigenen Klängen und meiner Auseinandersetzung mit dem Instrument.

Noch etwas sammelte mein Vater mit Leidenschaft. Im doppelten Sinn des Wortes Leiden-schaft trug er alle Bücher über die Konzentrationslager des Dritten Reiches zusammen.

Mein Vater war ein Opfer der Nazis. Er war Jude. Bei der Räumung des Ghettos in Riga verlor er fünfunddreißig Verwandte, auch seine erste Frau und seine fünfzehn Monate alte Tochter. Ihm selbst gelang die Flucht. Eine lettische Frau rettete ihn vor der Verfolgung und gewährte ihm Unterschlupf in ihrer Wohnung. Als das zu gefährlich wurde, weil sie auch ein Verhältnis mit einem deutschen SS-Offizier hatte, mietete sie eine alte, aufgelassene Werkstatt an. Mein Vater grub sich zusammen mit einem anderen Verfolgten unter der Werkstatt einen Bunker, in dem sie fast zwei Jahre überlebten. Ich habe nie erfahren, welche Motive die Frau bewegt haben, den

Verfolgten zu helfen. Sie riskierte dabei ihr eigenes Leben. Aus Andeutungen konnte ich entnehmen, daß sie nicht völlig selbstlos gehandelt hatte. Ich nehme an, sie ließ sich dafür bezahlen. Trotz des womöglich hohen Preises war mein Vater dieser Frau für ihre menschliche Hilfsbereitschaft immer dankbar verbunden. Jedes Jahr am 13. Oktober, dem Tag der Befreiung Lettlands von den Nazis, besuchte er sie zusammen mit seinem Bunkerkameraden.

Vater wollte und konnte die Tragödie dieser Zeit nicht vergessen oder verdrängen. In allen Beschreibungen des Horrors fand er sich wieder. Ich weiß nicht, welche Konflikte ihn gequält haben, daß ihn das Schicksal verschont hatte, daß er lebte, während seine Familie und die meisten seiner Verwandten von den Nazis umgebracht worden waren. Darüber sprach er nicht, jedenfalls nicht mit mir. Er erzählte oft von den Schrecken dieser Zeit und seinen Erlebnissen, aber was das in den tieferen Schichten seiner Gefühle bewirkt hatte, wußte ich nicht. Daß ihn möglicherweise Schuldgefühle plagten, dieser Gedanke kam mir erst, als ich mich vor einigen Jahren fragte, warum ich immer wieder dazu neige, unfaires und ungerechtes Verhalten mir gegenüber tolerieren oder gar verzeihen zu wollen. Es mag eine frühe Einübung auf die zeitlebens offene Wunde in der Seele meines Vaters gewesen sein.

Ich wollte nicht, daß Vater leidet. Aber ich sah, daß er litt, wenn er immer wieder in der Familie von den gleichen Geschichten sprach. Was er erzählte, machte mir angst, und die Art, wie er erzählte, wie er immer wieder seinen Schmerz auskostete und das gleiche von uns verlangte, bedrückte nicht nur mich. Meine Großmutter, die seine Geschichte kannte, wollte oder konnte nicht mehr zuhören. Es kam zu Auseinandersetzungen, in deren Verlauf mein Vater – emotional in die Enge getrieben – meine Großeltern nahezu als Faschisten beschimpfte. Er wußte, daß sich meine Großmutter nach wie vor als Deutsche fühlte und auch der Großvater den Wunsch hatte, nach Deutschland zurückzukehren. Obwohl sich mein Vater im Alltag mit den Großeltern arrangiert hatte und er den Großvater als Künstler und Wissenschaftler überaus schätzte, kam es immer wieder zu diesen Spannungen. Das, was er erlebt und erlitten hatte, schien ihn unwiderruflich in der Familie zum Außenseiter zu machen. Diese Ferne des Vaters zieht sich wie die Migräne meiner Mutter als bedrückender Ton durch meine Kindheit.

Als Kind war mir nicht bewußt, wie wenig Zeit erst seit dem Krieg verstrichen war. Als ich anfing, etwas von Geschichte zu begreifen, lag der Holocaust noch kein Jahrzehnt zurück. Mir schien, als wäre mein Vater geradezu süchtig nach immer noch schlimmeren Geschichten und detaillierteren Tatsachen. Um nicht an der Tragödie seines Lebens zu zerbrechen, mußte er etwas dagegensetzen, auf das er sich berufen konnte: Es war der Stolz auf seine Identität als Jude, und deshalb sollte auch sein Sohn ein echter

Jude werden. Ich war ein paar Wochen alt, als ich ohne Anästhesie beschnitten wurde, obwohl das Ritual in Lettland gesetzlich nicht erlaubt war. Die Beschneidung (vielleicht die Wurzel meiner Blutphobie?) sollte mich in seinen Augen zum Juden »stempeln«.

Alle Sowjetbürger hatten in den Personalakten ihre Nationalität anzugeben. Als ich in die Schule kam, wurde in meine Unterlagen »Jude« eingetragen. Darauf bestand mein Vater und setzte sich damit gegen meine Mutter und ihre Familie durch.

Vor meinem dreizehnten Geburtstag hatte ich auf seine Anordnung zu Bar-Mizwa* einen hebräischen Text auswendig zu lernen. Ich verstand nichts von dieser Sprache, und der mir übersetzte Inhalt wirkte befremdlich auf mich. Ich lernte mühsam Silbe für Silbe auswendig. Meine Mutter half mir dabei und fragte mich ab. Es dauerte lange, bis ich ihn endlich sprechen konnte. Von dem Fest erinnere ich nur, daß mir die Tante aus Israel eine Schweizer Uhr geschickt hat, die mir sehr gefiel.

Es war meinem Vater außerordentlich wichtig, daß sein Sohn die jüdische Tragödie verkörperte. Vielleicht wollte er aus dem gleichen Motiv den Erfolg für mich. Ich sollte – ja, vielleicht sollte ich sagen – ich *mußte* erfolgreich durchs Leben gehen. Im Innersten seiner Seele war ich sein Vermächtnis, vielleicht auch seine Rechtfertigung dafür, daß er als zufällig

---

* Bar-Mizwa: Jüdisches Initiationsfest zur Aufnahme in die Gemeinde.

Überlebender eines ermordeten Volkes leben durfte und konnte. Gidon, das zweite Leben eines Verschonten.

In seinem gesellschaftlichen wie auch beruflichen Umfeld verabscheute Vater jedwede Manipulation, die einen Vorteil für ihn gebracht hätte. Er umging auch keine Probleme durch Anpassung. Das war nicht leicht, und er machte es sich nicht leicht. In dem Staat, in dem wir lebten, waren Korruption und antisemitische Ressentiments an der Tagesordnung.

Zum Leben und Überleben – so lehrte mich mein Vater – »mußt du zehnmal so gut wie die anderen sein«. Das war sein Maßstab, und der sollte auch zu meinem werden.

»Vergiß nicht, wer du bist!« mußte ich meinem Vater versprechen, als ich mit sechzehn Jahren darauf bestand, daß in meinem ersten Paß unter Nationalität das für sowjetische Verhältnisse extravagante »Schwede« eingetragen wurde, was sich auf meine mütterliche Herkunft bezog.

Ein Fremder

Als ich acht Jahre alt war, fand 1955 in Moskau die
»Dekade der lettischen Kultur« statt. Volkschöre,
Tanzensembles, Sänger, Orchester in der ganzen
Republik wurden mobilisiert, daran teilzunehmen.
Unsere besondere Schule wollte natürlich Besonderes bieten. Nicht allein der Knabenchor, der an
sich schon eine Attraktion war und die lettische
Chorkultur und Tradition repräsentierte, sollte in
Moskau auftreten. Mit der »Kindersymphonie« von
Leopold Mozart, die damals noch Joseph Haydn zu-
geschrieben wurde, konnten fast alle Streicher
der Schule nach Moskau fahren. Wer im Orchester
kein Instrument spielte, der machte die Geräusche
oder imitierte die Tierstimmen der Partitur. Es
wurde endlos geprobt oder besser gesagt: ge-
drillt.

Außerdem hatte die Direktion der Schule die Gelegenheit wahrgenommen, die Besten von uns in einem
Konzert in der berühmten Zentralmusikschule beim
Tschaikowsky-Konservatorium vorzustellen. Dafür
wurde in der Schule ein Auswahlspiel veranstaltet, an
dem ich teilnahm. Ich bestand es, sehr gut sogar, wie
es hieß, und sollte solistisch in dem Konzert in

Moskau auftreten. Ich war stolz und badete in der Freude meiner Familie.

Tags darauf wurde die Liste der Teilnehmer am Schwarzen Brett ausgehängt. Mein Name war durchgestrichen. Wollte mir jemand womöglich einen Streich spielen?

Da mein Großvater an der Schule unterrichtete, wunderte es niemanden, wenn ich im Sekretariat auftauchte. Ich fand das druckreife Programm des Moskauer Konzertes und suchte meinen Namen. Wie sehr ich das Blatt auch um und um wendete, ich fand ihn nicht. Man konnte mich doch nicht einfach streichen! Verstört kam ich nach Hause. Meine Eltern riefen meinen Lehrer an. Ich stand dabei, hörte etwas von »Nationalkader« und hörte, wie meine Eltern verzweifelt um mein Recht kämpften, ohne Erfolg. Ich wollte es nicht verstehen und weinte, weinte, weinte.

Die Erklärung war einfach: Das Programm sei zu lang, und da es sich um die Dekade der *lettischen* Kunst handele, hätten die »Nationalkader« das Vorrecht, und ich sei nun mal kein Lette. Kein Lette, kein Nationalkader. Gelegentlich frage ich mich heute noch, was ich eigentlich bin: Lette, Russe, Jude, Deutscher oder Schwede? Jedenfalls eine Mischung. Die Politik im Jahre 1955 aber verlangte einen »reinen Letten« – und der war ich nicht.*

---

* Später mußte ich erleben, daß bei russischen Schülern sehr wohl Ausnahmen gemacht wurden, wenn es opportun war, sie einem anderen »Nationalkader« zuzuordnen.

Meine Eltern waren empört, mein Lehrer sah in der Aktion eine gegen ihn gerichtete Intrige. Es gab viel Wirbel, und die Erwachsenen sprachen von Ungerechtigkeit und »Schweinerei«. Dennoch versuchten sie mich zu bewegen, es zu verstehen. Ich schwieg und schluckte. Ich sollte *Verständnis* haben, daß und wie mir beigebracht wurde, im eigenen Land ein »Fremder« zu sein!? Es war meine erste tränenreiche Lektion im Fach »Politik«. Politik, das hinterließ bei mir den Eindruck von etwas Unehrlichem. Jeder schien das so zu empfinden, aber niemand vermochte sich zu widersetzen.

Ich verstand damals noch nicht viel von den gesellschaftlichen Verhältnissen, in denen wir lebten, aber ich hatte ein klares Gefühl für das Unrecht, das mir angetan worden war. Und noch etwas hatte ich empfunden, dumpfer und bohrender: ein Gefühl aus Scham, verletztem Stolz und dem Zweifel, nicht gut genug gewesen zu sein. Dem Satz des Vaters: Du mußt zehnmal besser sein als die anderen, entsprach plötzlich die Wirklichkeit.

In Moskau im Bolschoitheater spielte unser Orchester mit Erfolg – wie sollte es denn anders sein! – die »Kindersymphonie«. Alles war neu für mich: die Reise, das Hotelzimmer im »Severnaja«, die Begeisterung, die man uns entgegenbrachte, und der Riesenaufwand, der für unsere Auftritte betrieben wurde. All diese neuen Eindrücke verdrängten die bittere Enttäuschung, daß ich vom Konzert der Besten ausgeschlossen worden war. Geradezu süchtig verfolgte ich die Informationen über unsere Auftritte in den Zeitungen und genoß es unerhört, daß wir alle »Auszeichnungspapiere« bekamen. Die Anstecknadel zum Zeichen der Teilnahme an der Dekade war lange das Kostbarste in meiner Abzeichensammlung.

Natürlich besuchten wir auch geschlossen das »Heiligtum« des Landes: das Mausoleum, in dem damals noch Stalin neben Lenin aufgebahrt lag. Stundenlang warteten wir in der endlosen Menschenschlange. Beim Eintreten der Hinweis, nicht zu sprechen. Dann im dunklen Raum, die Stille, der Sarkophag und das matte Licht eines Scheinwerfers auf der wächsernen Leblosigkeit der Leichname. Anders als auf den Porträts in den Lehrbüchern und auf den Transparenten bei den Massendemonstrationen sah ich in den beiden Mumien, an denen ich vorbeiging, weder Kraft noch Zuversicht. Sie weckten in mir nicht einmal die Nichtsein-Gedanken. Für mich sah hier der Tod aus wie ein Gemisch aus getrocknetem Papiermaché, Hohlheit und ewigem Leben. Die beiden toten Führer der »Großen Sozialistischen Oktoberrevolution« enttäuschten mich.

Wahrscheinlich habe ich mir diesen Eindruck damals nicht erlaubt, auf keinen Fall in Worten gedacht oder gar geäußert. Wäre ich auf diese Idee gekommen, hätten meine Eltern mit großer Sicherheit für die Ausbildung meiner Begabung eine andere Schule suchen müssen.

Zurück in Riga traten wir noch zehnmal mit dem gleichen Programm im Operntheater auf. Dafür wurden wir, die stolzen »Teilnehmer der Dekade«, vom Schulunterricht befreit. Natürlich war uns nicht bewußt, daß wir mit unserem kurzen Auftritt benutzt wurden für das große politische Gesellschaftsspiel, dessen Regeln wir nicht kannten. Die politische Demonstration als eigentlicher Zweck des Kulturforums interessierte uns auch nicht, weder damals noch später bei ähnlichen Anlässen. Wir erfüllten selbstverständlich unsere Pflicht, und dafür erhielten wir Applaus. Das war für uns Anerkennung genug.

Besonders beliebt in Regierungskreisen und von Nikita Sergejewitsch Chruschtschow persönlich hochgeschätzt war das Geiger-Unisono-Ensemble des Bolschoitheaters. An unserer Schule organisierte man später eine Art Kopie dieses Ensembles. Galakonzerte mit Sammelprogrammen zu politischen Anlässen waren Tradition, und die verantwortlichen Kulturfunktionäre der Partei hofften, auf diese Weise glänzend den Einfluß der Massenkultur auf die Musikausbildung (und umgekehrt) zu Gehör zu bringen. Abgesehen vom Anlaß und unserem Auftritt hieß das für uns »Kulturträger«: endlos zu proben, pünktlich zu erscheinen, stundenlang zu warten, unsere »Nummer« gut zu spielen und dabei anständig auszusehen: Hemd, Hose oder Rock gut gebügelt, das rote Pionierhalstuch ordentlich gebunden.

1961 wurde im Rigaer Dom das erste Konzert gegeben. Das Problem Kirche und sozialistische Kultur war auf einfache Weise gelöst worden: man hatte die Kirchenbänke umgedreht. Das Publikum sah nicht mehr in Richtung Altar, sondern auf die restaurierte berühmte Orgel. Unser Ensemble bestritt bei dem Eröffnungskonzert die Hälfte des Programms.

Ich hatte vor diesen Auftritten selten Lampenfieber. Bei Unisono-Konzerten war der einzelne ja nicht zu hören. Was mich dabei motivierte, war vor allem das Zusammensein mit den anderen, das Gefühl von Gemeinsamkeit, die Möglichkeit des *Auftretens*, die Lichter auf der Bühne, die feierliche Präsenz des Publikums und... der Gedanke, eines Tages allein auf dem Podium zu stehen.

Ob wir für Parteigrößen oder für das Fernsehen spielten, unsere Leistung wurde honoriert: Wir hatten für den kommenden Tag keine Hausaufgaben zu machen. Als zu Ehren Chruschtschows während seines Besuches in Riga ein Festkonzert veranstaltet wurde, mußten wir mit unserem Auftritt zwar dreieinhalb Stunden auf das Ende der Parteisitzung warten, bekamen aber nach dem Konzert zu dem üblichen Hausaufgabenfrei auch noch Apfelsinen geschenkt, damals eine große Rarität in Riga. Solche Tage waren für uns »Feiertage«, die manchmal bis weit in die Nacht hinein gingen. Aber auch dann mußten wir am nächsten Morgen wieder auf der Schulbank sitzen.

In den ersten Klassen war ich ein guter Schüler. Jedes Jahr bekam ich am Schuljahresende eine Auszeich-

nungsurkunde mit den Porträts von Lenin und Stalin. Ab 1956, nach dem zwanzigsten Parteitag der
KPdSU, blieb nur noch Lenins Kopf übrig, was die
Urkunde nicht mehr so feierlich aussehen ließ. Die
sich ständig verschlechternde Qualität von Druck
und Papier, die Tatsache, daß die Auszeichnungen
fast alle Schüler bekamen, und meine Benachteili-
gung gegenüber den »Nationalkadern« ließen mir den
Erwerb der *Gramota** immer fragwürdiger werden.
Meine schulische Leistung sackte aber noch aus
anderen Gründen ab. Ich lernte allmählich, daß man
in der Schule in bestimmten Grenzen schlecht sein
darf, ja sogar im Ansehen der Mitschüler steigt, wenn
man sich nicht immer mit Spitzenleistungen hervor-
tut. Trotzdem erschreckte mich die erste schlechte
Zensur in Mathematik, aber mehr noch meine um
alles besorgte Mutter. Zur Rechtfertigung vor mir
selbst versuchte ich den oft gehörten Satz meiner
Eltern, das Geigenspiel sei das höchste Ziel meiner
Ausbildung, langsam zu meinem zu machen. Hier —
nahm ich mir vor — wollte ich Höchstmögliches
vollbringen und nicht in den »Niederungen« der
Mathematik, zu der ich im Gegensatz zum Rechnen
mit Zahlen sowieso kaum Zugang fand. Natürlich
funktionierte diese rationale Entlastung nur sehr
oberflächlich, ich blieb unzufrieden mit mir, und das
Absinken meiner schulischen Leistungen quälte
mich weiter. Um so mehr ärgerte mich das ent-

Gramota = russisch: Ehrenurkunde

täuschte Schweigen meiner Eltern. Es war doch *ihr* Standpunkt, daß die Geige das Wichtigste ist, seit ich ihr den ersten Ton entlockt hatte.

Schon früh wurde von mir behauptet, ich könne weder zeichnen noch hätte ich irgendwelche anderen visuellen Begabungen. Dies wurde mir so klar »aberkannt«, daß ich noch immer im unklaren bin, ob ich auf dem Gebiet wirklich ein so totaler Versager bin. Jedenfalls habe ich bis heute nicht den kleinsten Versuch gewagt zu zeichnen. Die Tatsache, daß ich kein gutes visuelles Gedächtnis habe, könnte die frühe Behauptung sogar untermauern. Aber klärt das die Frage, ob dieser Mangel die Folge fehlender Veranlagung oder der Verkennung meiner Möglichkeiten war? Jemand sagte einmal über die zwei Begabungen von Friedrich Dürrenmatt, der schreiben und zeichnen konnte, angesichts all derer, die wenigstens eine zu entdecken anstreben, sei das schlicht ungerecht. Die Konzentration auf das Geigenspiel ließ möglicherweise einer anderen Veranlagung von mir keinen Raum, sich zu entfalten. Um mein Violintalent zu fördern, hatte man entschieden, daß ich über keine weitere Begabung verfüge. Neben dem Geigenspiel erwarteten die Eltern wie auch die meisten Lehrer in der Schule von mir nur ein akzeptables Mittelmaß. Man meinte es gut damit und wollte mich vor überzogenen Ansprüchen, die ich an mich selber stellte, bewahren.

Meine Mutter versuchte, wo sie nur konnte, mir bei

den Schulaufgaben zu helfen. Ja, mehr (besser gesagt: weniger), sie zeichnete und modellierte an meiner Stelle. Eines Tages baute sie für mich sogar eine ganze *Arktis* mit Eisbären aus Paraffin. Sie war zweifellos auf diesem Gebiet begabt. Ich fragte mich nur, wie konnten die Lehrer glauben, daß die Arktis von *mir* war. Das Pro-forma war offensichtlich auch für sie die einfachere Lösung: Die Aufgabe war gemacht worden, und folglich wurde benotet.

Das Meisterwerk, die Arktis, war aber nicht die einzige gutgemeinte Fehlleistung meiner Mutter. Weil sie die damals verbreitete kurze »Boxerfrisur« ganz häßlich fand, trug ich längere Haare. Eine Spange sollte verhindern, daß mir die Haare ins Gesicht fielen. Wenn Mami gewußt hätte, wie oft ich deswegen ausgelacht wurde! Genauso oft, wie mit den damenhaften Schuhen, die sie mir zu tragen gab. Wahrscheinlich waren es abgelegte Schuhe von ihr, weil der Haushalt sparsam geführt werden mußte. Die Mutter hatte nicht selten für Unangenehmes diese Begründung zur Hand. Sie konnte sich nicht vorstellen, daß meine Mitschüler über ihren Geschmack lachten und mich zum Muttersöhnchen machten. Eltern lieben in ihren Kindern oft sich selber. Wie meine Mutter zu sagen pflegte, war ich (und bin bis heute) »der einzige Sinn« ihres Lebens...

Weil das so war, schonte sie mich. Noch heute wird oft hinter meinem Rücken gelacht, wenn ich den Mund beim Geigenspiel offen habe. Ich hatte als Kind

Schwierigkeiten beim Atmen. Polypen oder ein deformiertes Nasenbein waren die Ursache. Natürlich wußte meine Mutter über die Schockwirkung einer Operation auf mich – armer Gidon –, und sie unterblieb. Auch ein Sprachfehler blieb unbehandelt. Ich kann das R nur schlecht artikulieren, was mir besonders im Russischen bis heute zu schaffen macht. Man muß sich ja fremd vorkommen, wenn man immer wieder aufgefordert wird, seinen Namen zu buchstabieren: K-r-e-m-e-r, zweimal das R in meiner Aussprache war für russische Ohren nur schwer verstehbar. Die Behandlung durch einen Logopäden wurde immer wieder hinausgeschoben, weil sie Zeit verlangte. »Wie soll er das noch schaffen neben dem Üben?« wurde über mich befunden. Ich stelle nicht in Zweifel, daß es elterliche Fürsorge war, aber...

Die Hoffnungen, Träume, Erwartungen und die Ängste meiner Erzeuger waren die Maßstäbe, nach denen ich mich entwickeln sollte und mich schließlich auch entwickelt habe. Das Leiden an ihren ungelösten Problemen war der Stoff, aus dem das fürsorgliche Zwangshemd der Elternliebe gemacht war, das meine Freiheit bedrohte. Auch wer es durchschaut, fühlt sich auf liebevolle Weise erpreßt. Zum Glück wehrte sich irgendetwas in mir, den Vorstellungen, Ratschlägen und Wünschen meiner Eltern blind zu folgen, auch wenn ich dafür verspottet oder bestraft wurde.

Verwirrung

Einmal kaufte meine Mutter mitten im Winter auf dem Markt eine Tomate für mich. Das war damals in Riga etwas ganz Besonderes und teuer. Zum Mittagessen lag die Tomate rot und rund vor mir auf meinem Teller. Als mein Vater zu Tisch kam, fragte er meine Mutter, ob auch für ihn eine Tomate da sei. Nein, sagte sie, nur für Gidon.

Das erzürnte ihn dermaßen, daß er mir die Tomate vom Teller nahm und zum Entsetzen meiner Mutter in den Mülleimer schmiß. Meine Mutter fing an zu weinen, Vater lief wütend aus der Küche, das Mittagessen war beendet, bevor es angefangen hatte.

Es könnte auch so gewesen sein: Mein Vater sah die Tomate auf meinem Teller und fragte mich, ob ich ihm die Hälfte abgebe, und meine Mutter sagte: Nein, die soll Gidon alleine essen.

Vielleicht hat er auch nach der Tomate gegriffen, und sie hat gereizt gesagt: Laß sie liegen, die ist nicht für dich.

Sie könnte auch gesagt haben: Ich wollte Gidon etwas schenken. Vielleicht hat er dann etwas von Bevorzugung des Herrn Sohnes und von Haushaltsgeld und Aus-dem-Fenster-Werfen gesagt. Vielleicht hat sie daraufhin gesagt: Ich habe die Tomate von meinem Geld bezahlt. Vielleicht hat er dann mit seiner Vorstellung von Gerechtigkeit auch gesagt: Wenn schon Tomate, dann für alle und nicht nur für Gidon.

Das sind mögliche Variationen einer Situation, die mich völlig hilflos machte. Tatsache war: Die Tomate war im Eimer und die Stimmung auch. Wieder einmal. Und wieder einmal stand ich außen vor und war verwirrt. Wer von den beiden hatte recht? Sollte *ich* das entscheiden? Statt der Tomate hatte ich Mitleid mit meiner Mutter, die sie »nur« für mich gekauft hatte. Aber irgendwie hatte auch mein Vater recht: Warum sollte ich die Tomate alleine haben? Und doch hatte er unrecht, die teure Tomate in den Müll zu werfen und die Mutter damit zum Weinen zu bringen.

Natürlich weiß ich heute, was mein eigentliches Problem war: Ich war in solchen Szenen Akteur, ohne meine Rolle zu kennen. Ich fühlte mich hilflos in ein Verwirrspiel meiner Eltern verstrickt. Erst später erfuhr ich von den Konflikten zwischen ihnen, die wenig mit mir zu tun hatten. Ich sah oft in meiner Kindheit Tränen bei meiner Mutter und bei meinem Vater. Beide taten mir dann leid, und ich mir auch.

Harmonie herrschte selten bei uns und nur, wenn meine Mutter vieles »schluckte«, mein Vater das, was ihn normalerweise geärgert hätte, übersah oder wenn ich als Bindeglied zwischen ihnen Erfolge vorzuweisen hatte...

Da ich ins Schachspiel der Gefühle meiner Eltern hineingezogen wurde, dessen Regeln ich nicht kannte, konnte ich oft ihre Handlungen nicht durchschauen und reagierte auf meine Art. Eines Tages sah mich aus Vaters Jackentasche ein 25-Rubel-Schein an. Die Versuchung war groß, und ich nahm ihn, weil ich annahm, so lose in der Jackentasche sei er schon so gut wie verloren, ja ein Zeichen dafür, daß mein Vater überflüssiges Geld mit sich herumträgt und sein Verlust nicht auffällt. Immer hieß es, wir müssen sparen, wir haben kein Geld. Kein Geld für mein Sportrad, aber er wirft Tomaten in den Müll. Ein bißchen ausgleichende Gerechtigkeit mag als Motiv in meinem Gefühl eine Rolle gespielt haben. Möglicherweise wollte ich den Schein in meiner Büchse verschwinden lassen, in der ich für das Sportrad sparte. Wahrscheinlich aber wußte ich zu dem Zeitpunkt noch gar nicht, was ich mit den fünfundzwanzig Rubeln anfangen würde. Ich konnte sowieso nicht lange überlegen, da meine Tat bald entdeckt wurde. Ich wurde bestraft, sogar geprügelt. Für den Vater war ich ein »Dieb« und damit basta. Strafschweigen. Ja, ich hatte geklaut, aber nicht einmal Fragen wurden mir gestellt. So blieb ich mit meiner Schuld alleine. Keine Vergebung. Ich war schlecht. Punkt.

In einem Gespräch mit meiner Mutter vor einiger Zeit kam ich auf diese Geschichte zu sprechen und wollte wissen, ob sie damals eine Ahnung hatte, *warum* ich den 25-Rubel-Schein genommen habe. »Das konnte ich nie verstehen«, sagte sie, »aber du *weißt* doch, daß du schlecht gehandelt hast...« Sie sah es immer noch so, als hätte damals alles nur an mir gelegen.

Es ist nicht überraschend, daß ich mich früh in meine innere Welt zurückzog und mich schon im Alter von elf, zwölf Jahren sehr einsam, fremd und unverstanden fühlte. Ganz offensichtlich waren die Eltern mit mir überfordert. Das spürte ich. Aus welchen Gründen, war für mich als Kind einerlei. Was in mir vorging, schienen meine Eltern nicht erfühlen zu können. Für sie gab es nur eine Wahrheit, und das war jeweils ihre Sicht der Dinge. Wenn ich mich für ein Mädchen interessierte, hieß es »Kinderliebe«, wenn ich zu Freunden ging, wurden sie oft als »leichtsinnig« und »oberflächlich« qualifiziert, wenn ich mich mit meiner Briefmarkensammlung beschäftigte, war das »Zeitvergeudung« und lenkte mich nur vom Üben ab. Außer für mein Geigenspiel und leidliche Schulleistungen spürte ich bei meinen Eltern für meine anderen Interessen bestenfalls ein Dulden.

Mein Vater hatte nicht nur eine bestimmte Vorstellung von Gerechtigkeit, sondern auch von Gesundheit. Jeden Morgen, auch mitten im Winter, verlangte er von mir, Gymnastik zu machen und eine kalte Dusche zu nehmen. Dann folgten kräftige Abreibungen am ganzen Körper mit einem nassen Handtuch. Sich abzuhärten ist gesund, behauptete er. Wenn wir uns ab und zu gemeinsam morgens dem Schock des eiskalten Wassers stellten, empfand ich es zwar nach wie vor als körperliche Tortur, aber wenn mein Vater neben mir laut aufjuchzte, war ich dem Schrecken wenigstens nicht mehr so alleine ausgeliefert. Wenn er mich dann mit dem Handtuch abrubbelte, bis mir wieder warm war, und wir Gymnastik gemacht hatten und zusammen frühstückten, fühlte ich mich wirklich wohl und gesund. In solchen Momenten verwandelte sich das Vater-Sohn-Verhältnis in eine Art Kumpanei, und ich vergaß, daß mich am nächsten Morgen wieder der Strahl des kalten Wassers erwartete.

Ganz andere Gefühle weckte mein Vater bei mir, wenn er mitten im Schachspiel beschloß, es sei nun Zeit aufzuhören, ich müsse ins Bett oder solle noch geigen. War ich damit nicht einverstanden, wischte er mit einer einzigen Handbewegung sämtliche Figuren vom Schachbrett. Ständig hielt er mit solchen cholerischen Gesten die ganze Familie in »Schach«, beklagte sich aber gleichzeitig als Opfer seiner tragischen Lebensgeschichte und forderte Verständnis und Mitgefühl. Mit diesem explosiven Gemisch aus Machtgehabe und Selbstmitleid überforderte er alle um sich herum, besonders aber mich, der sich nach Harmonie sehnte und die Familie um jeden Preis intakt halten wollte. Nach einer großen, sehr emotional geführten Auseinandersetzung zwischen meinen Eltern, in deren Verlauf meine Mutter das Wort »Scheidung« brauchte und mein Vater drohte, das niemals zuzulassen, sich eher umzubringen oder sie,

schrieb ich einen Brief an meinen Vater. Ich war etwa
sechzehn Jahre alt und seit einigen Tagen im Internat in Leningrad. Der Streit hatte sich kurz vor
meiner Abreise ereignet. In dem Brief bat ich meinen
Vater, sich doch nicht ständig selber leid zu tun und
immer wieder die Vergangenheit zu beschwören.
Auch für ihn sei das Leben weitergegangen, und auch
er müsse akzeptieren, daß in der Familie unter-
schiedliche Meinungen »koexistieren« können und
müssen (ein Begriff, den ich mir wahrscheinlich aus
der damals aktuellen politischen Diskussion über die
Koexistenz von Ost und West entliehen hatte). Der
Brief an meinen Vater mag für ihn altklug geklungen
haben, aber ich schrieb ihn aus der Entfernung und
in großer Bedrängnis. Ich hatte zu Hause gespürt, daß
sich da etwas angestaut hatte, was tatsächlich zur
Trennung meiner Eltern führen konnte, und ich
wußte nicht, mit einer solchen Situation umzugehen.
Der Gedanke, mich zwischen Vater und Mutter entscheiden zu müssen, war mir unerträglich. Auch
wenn ich manchmal zur Mutter gesagt hatte: »Warum gehen wir nicht weg?«, machte mir jetzt die
Vorstellung Angst, den Vater in seinem Unglück alleine lassen zu müssen. In meiner Verzweiflung
dachte ich: Macht mit eurem Mist, was ihr wollt, aber
nicht, solange ich noch in der Familie bin. Mein Brief
sollte mir die Familie erhalten.

Ich wollte jedem einzeln meine Liebe beweisen, indem ich ihre Erwartungen an mich zu erfüllen ver-

suchte. Der Vater war zufriedener, wenn ich viel übte, die Mutter, wenn ich auch noch für die Schule gut lernte und mich anständig benahm.

Das persönliche Unglück meiner Eltern prägte das Klima meiner Kindheit. Meine Mutter entzog sich ihrem Kummer, indem sie ihre ganze Liebe auf mich richtete. Durfte ich sie dann enttäuschen und unzufrieden sein, wenn die Suppe im Teller oder das Wasser in der Badewanne meistens zu heiß waren? Wenn ich es doch war, schluckte sie es und erklärte mit entwaffnender Mutterliebe, daß sie doch nur mein Bestes wolle. »Ich sollte es nicht merken« und merkte unbewußt eben doch, wo die Wurzeln ihrer übertriebenen Fürsorge lagen.*

Eines Tages stand auch das Sportfahrrad vor der Tür: als Belohnung für meine Fortschritte im Geigenspiel. Und die machte ich Schritt für Schritt…

Mein Leit- und Leidbild war die Geige; auf ihr lernte ich mit der Zeit, meine Einsamkeit, meine Träume, meine Verletzungen und meinen Humor in Musik zu verwandeln. In ihr suchte ich *meinen* Ton, *meine* Stimme, *meine* Musik.

---

* »Du sollst nicht merken.« Die Bücher von Alice Miller waren für mich vor Jahren ein Anstoß, über die nie ausgesprochenen Gebote meiner Kindheit nachzudenken.

Wohlgefühle

Es gibt ein Foto von mir, auf dem ich sieben Jahre alt bin und sehr traurig aussehe. Auf anderen Fotos aus meiner Kindheit sehe ich mich lächeln oder lachen, mit und ohne Geige, und nicht nur für das Foto. Es gab auch das unbeschwerte Kind, den glücklichen Gidon. Der verließ das Haus und hatte oft das Bedürfnis zu singen.

Ich sang laut auf dem Schulweg, auf den Wegen im Park, auf der Straße. Manchmal fiel mir auf, daß sich die Leute nach mir umdrehten und hinter mir herlachten. Bekannte Opernarien und Schlager zu singen oder Elvis Presley nachzuahmen, lag mir fern; ich sang selbsterfundene Märsche und Melodien, die meiner Stimmung entsprachen und dem Tempo und Rhythmus meines Gehens.

Ich sang, wenn ich mich am Tag freute, wenn ich das Gefühl hatte, vorwärtszukommen, oder wenn ich grundlos glücklich war. Es gelang mir beim Gehen auf der Straße in der frischen Luft auch, das Unglücklichsein wegzusingen.

Mein Wohl-ergehen, mein Wohl ersingen.

Noch heute hört sich Gidon, das alte Kind, gelegentlich summen.

Der kleine Gidon fand sein Glück nicht nur im Haus der Großeltern.

Einmal kam ein italienisches Marionettentheater nach Riga. Ich erlebte ein Venedig wie das Gelb aus meinem Buntstiftkasten. Ich verstand die Sprache nicht und doch – wie Musik – ihren Humor, der mich zu diesem grenzenlosen Lachen trieb, das in irgendeiner geheimen Kammer meiner Seele hauste.

Und noch ein Ort: das Bett zu Hause. Und die Bücher. Ein »Ich glaube, ich werde krank« reichte für ein schnelles Einsehen bei meinen Eltern aus. Sie schrieben die Entschuldigung für die Schule, und wenn ich länger als zwei Tage keine Lust auf Schule hatte, spielte auch die Ärztin mit. Ich lag auf dem Bett und las und las und las. Jede Menge Kinderbücher und Märchen, als ich noch kleiner war, dann Krimis, Dostojewski, Somerset Maugham. Ich las ohne Plan alles, was mir in die Hände fiel. Alles, was mich emotional gerührt hat, war gut. Und es war nicht nur die sogenannte gute Literatur, die mir ein Wohlgefühl verschaffte.

Meine Mutter sorgte mit Kostümen für mein Glücklichsein. Ich war ein leidlich guter Schachspieler und interessierte mich, wie mein Vater, sehr für das Spiel. Ich las Bücher über Schach, verfolgte die großen Turniere mit Spannung, spielte für kurze Zeit auch in einem Zirkel mit und konnte hie und da meinem Team den einen oder anderen Punkt dazugewinnen.

86

Schach braucht Zeit und stand damit natürlich in Konkurrenz zur Geige.

Eines Tages war Maskenball in der Schule, und meine Mutter überraschte mich mit dem Kostüm des Schachkönigs. Es war prachtvoll, und ich hatte Erfolg damit. Es bekam einen Preis. Aber mich machte noch etwas anderes glücklich: Meine Mutter hatte mit dem Nähen des Kostüms ein Interesse von mir anerkannt, das mit der Geige nichts zu tun hatte.

Eine noch größere Bedeutung für mich hatte das Kostüm von Mister X. Ich hatte Kálmáns verfilmte Operette »Die Zirkusprinzessin« im Kino gesehen und war restlos hingerissen von Mister X. Ich war Mister X. Ich fühlte mich ihm, der sich unerkannt hinter einer Maske versteckte, um der Geliebten nahe sein zu können, sehr verwandt.

Es mag die Ahnung meiner Mutter gewesen sein, daß es für mich keine Maske war, die sie auf die Idee brachte, mir das Mister-X-Kostüm zu nähen. »Immer in Maske sein, das ist das Schicksal mein«, singt Mister X in seiner Arie. Und ich fühlte in seinem Kostüm das Glück, mein Unglück auszudrücken.

Lernen, lernen, lernen

Die Schule, was brachte sie? Die Freunde, den Fünf-zig-Minuten-Rhythmus des Unterrichts, die Angst vor schlechten Noten.

An manchen Tagen lag ein leichter Aethergeruch in der Luft. Man roch ihn eigentlich nur für einen Moment, wenn man das Gebäude betrat. Nur meine Nase gewöhnte sich bis zur letzten Stunde nicht daran. Aether hieß, daß der Arzt in der Schule war, und bedeutete, daß möglicherweise eine Impfung bevorstand und *ich* einer Spritze ausgeliefert werden sollte. Meine panische Angst vor Spritzen nahm mir an solchen Tagen jegliche Konzentration auf den Unterricht.

Es muß in der dritten Klasse gewesen sein, als ich mich in Larissa verliebte. Sie hatte den gleichen Schulweg wie ich. Im Fach Rhythmik wurde uns ein Tanz beigebracht, bei dem wir Schmetterlinge und Käfer nachahmten. Als ich mit Larissa tanzte, wur-den die anderen Jungen irgendwie eifersüchtig. Je-denfalls verliebten sich plötzlich fast alle Jungen in der Klasse in sie. Als ob es zum guten Ton gehöre, wurde sie jetzt von vielen auf ihrem Schulweg begleitet. Wer tapfer war, ging neben ihr, wer sich nicht so ganz traute, hinter ihr.

Larissa aber war meine Freundin, und das schrieb ich auch in einem Aufsatz mit dem Thema: Mein bester Freund. Alle Jungen schrieben über Jungen, alle Mädchen schrieben über Mädchen. Nur ich habe über Larissa geschrieben. Als die Aufsätze zurückgegeben wurden, verstand ich meine Schulkameraden nicht, die darüber lachten, daß Larissa »mein bester Freund« war, und sie verstanden nicht, daß die Lehrerin meinen Aufsatz lobte.

Ungefähr in der zehnten Klasse sollten wir einen Hausaufsatz über »Hamlet« schreiben. Ich war damals mit Georgij* befreundet. Jeder von uns hatte Literatur zum Thema gelesen. Als wir uns trafen und darüber redeten, kamen wir auf die Idee, den Aufsatz gemeinsam in Form eines Dialoges zu schreiben. Wir waren stolz auf diesen Einfall und überzeugt, die beste Arbeit geschrieben zu haben. Schon allein die Form begeisterte uns; bis dahin war noch niemand in der Klasse darauf gekommen, einen Aufsatz gemeinsam und dialogisch abzufassen.

Von der Lehrerin wurde dann eine ganze Reihe Arbeiten vor der Klasse besprochen, nur über unsere fiel kein Wort. Wir meldeten uns.

»Wie soll ich ihn beurteilen«, sagte sie. Wir hätten es uns bequem gemacht, es gehöre sich nicht, zu

* Georgij Pelēcis, heute Komponist und Musikwissenschaftler.

89

zweit einen Aufsatz im Dialog zu verfassen; das sei kein Aufsatz.

Wir waren enttäuscht über die mittelmäßige Note, die sie uns gab. »Sie kann uns nicht verstehen«, sagte ich zu Georgij, »sie hat kein Niveau.«

Viele Lehrer in der Schule waren unglaubwürdig, machtbesessen und streng. Mir fällt ihre pedantische Art, sich zu kleiden, ein, das routinierte, aber monotone Vorlesen vorgegebener Texte, ihre Humorlosigkeit im Umgang mit uns.

Als Farbe sehe ich bei Schule ein grünliches Beige. Ich glaube, innen waren die Wände tatsächlich so gestrichen. Ich habe das Grau der Schuluniform vor Augen, die roten Pionierhalstücher, rot wie die Lehrertinte in meinen Heften und das endlose Banner mit dem Lenin-Zitat: LERNEN, LERNEN UND NOCHMALS LERNEN. Schwarz waren die Schultische und die Tafel. Meine Hände erinnern das unangenehme Gefühl von Kreide ähnlich wie vom Sand am Meer. Ich habe den abgestandenen Geruch des Abwischlappens nicht vergessen, der hartnäckig auf der Haut blieb, und nicht das tägliche Gefühl der Erleichterung, wenn ich nach Unterrichtsende die breite Treppe hinunterrannte mit keinem anderen Wunsch als: weg, weg, weg!

Im Ohr habe ich das endlose Zerkauen irgendwelcher Parteidirektiven. Assoziative Gedanken frei zu äußern wurde als Unreife ausgelegt. Emotionen kamen selten vor, auch in den Musikfächern nicht.

Libretti wurden klassenanalytisch seziert, die Partituren nach Leitmotiv und Septakkorden auseinandergenommen. Über die emotionalen Aussagen, die großen Gefühle und Visionen, nach denen ich suchte, die mich interessierten, wurde nicht gesprochen. Ich war auf der Suche nach Ideen, Überzeugungen, nach Freiräumen, die mich nicht in *eine* Kategorie zwingen würden. Ich blieb damit ziemlich allein. Die Mitschüler mit Neigung zum Systematischen hatten es leichter und oft auch die besseren Noten. Mein meist nur innerliches Ausbrechen aus allen Normen hatte zudem den Nachteil, daß ich in vielen Bereichen ohnehin Schwierigkeiten hatte, systematisch zu arbeiten und zu denken.

Ob »Systematiker« oder ›Nichtsystematiker‹, mit den Auswirkungen der »systematischen« Veränderungen des staatlichen Systems auf den Unterricht hatten wir alle zu tun. Sie zu verstehen war während meiner Schulzeit, die im Jahr nach Stalins Tod begann, nicht immer leicht.

Ich war in der dritten Klasse, als Chruschtschow 1956 auf dem zwanzigsten Parteitag das Ende des Personenkultes einleitete. Man brachte uns langsam bei, daß mit dem verehrten Stalin etwas falsch gelaufen sei. Ebenso hatte Chruschtschow auf dem Parteitag den Beginn des Tauwetters gegenüber dem Westen verkündet, was eine gewisse Öffnung auch im Inneren der sowjetischen Gesellschaft mit sich brachte. Gleichzeitig setzte aber Chruschtschow selbst wieder Grenzen mit seinem Geschmack, den man später, nach seiner Absetzung, Voluntarismus nannte. Gefiel ihm ein Ensemble am Bolschoitheater, dann war das gute Musik und mußte allen gefallen. Lachte er einen Abstrakten aus, machte er für alle klar: Abstrakte Kunst ist Mist. Dodekaphonie hielt er für Kakophonie, also Unmusik, und damit war sie weg vom Tisch des Staates. Es ist kein Widerspruch, daß in den Jahren der von Chruschtschow initiierten »Entstalinisierung« der Begriff »Dissident« entstand.

Uns wurde beigebracht, an seine Reformen zu glauben, die er nicht ohne Bauernschläue und Humor in seinen endlosen Reden dekretierte, die Wort für Wort und über Seiten in der *Prawda* abgedruckt wurden und zwar mit den Reaktionen der Zuhörer, die jeweils in Klammern beschrieben waren: (Langanhaltender Beifall) oder (Die Deputierten erheben sich und klatschen) hieß: uninteressant, Absatz überspringen. Wir suchten Passagen, hinter denen (Lachen und Heiterkeit im Saal) verzeichnet war. Die versprachen Vergnügen, die lasen wir. Chruschtschow zog nicht nur in der UNO seinen Schuh aus, um damit protestierend auf das Pult der Weltorganisation zu schlagen, sondern sorgte auch im sowjetischen Alltag mit seinen meist spektakulären Auftritten für persönliche Farbe im politischen Einerlei.

Wir aber lernten in der Schule die Zehn Punkte (Gebote) aus dem Kodex zum Aufbau des Kommunismus auswendig und lernten zu glauben, daß in zwanzig Jahren der Kommunismus im »Vaterland aller Werktätigen« planmäßig verwirklicht ist. Über diese »lichte Zukunft« mußten wir viele Aufsätze schreiben. Die Aufgabe war, sich vorzustellen, wie toll es sein wird, wenn jeder das hat, was er sich wünscht, und jeder das gibt, was er hat. Mit solchen Träumen sind wir aufgewachsen, und ich habe sie gerne geträumt, wenigstens anfangs. Im Laufe der Zeit begriff ich, daß es nur um das Als-ob geht, und das machte mich müde.

Zwei Jahre vor Ende meiner Schulzeit wird Chruschtschow, dieser Mensch, der so viel versprochen hatte, der für ein Mehr an geschichtlicher Wahrheit eingetreten war, der mit seiner Persönlichkeit für öffentliches Amüsement gesorgt hatte, plötzlich abserviert und die »lichte Zukunft« per Dekret verschoben. Der Kommunismus, hieß es damals, ist wie der Horizont: je näher man ihm kommt, desto weiter entfernt er sich.

Systematisch wurde uns das Interesse an Politik ausgetrieben. Die Mächte hinter den Kulissen waren für uns undurchschaubar. Vor ihren ungeschriebenen Gesetzen lernten wir das Schweigen, nicht aber Respekt, wir fügten uns nur.

In der zehnten Klasse merkte ich, daß Lernen mich etwas anging. Unsere Lehrerin für Literatur war krank geworden und wurde von einer anderen vertreten. Plötzlich wurde ich wach. Für die Dauer von drei Wochen wurde das Fach Literatur spannend, herausfordernd und bewegend. Ich fühlte mich berechtigt, Puschkin zu kritisieren, begeisterte mich für Dostojewski und zettelte im und nach dem Unterricht Diskussionen an.

In diesem kurzen Frühling der Literatur kamen in unserer Klasse die »Systematiker« in Schwierigkeiten. Ich entdeckte mich und die großen Fragen, die ich auf dem Herzen hatte, ihnen war die persönlich geführte Auseinandersetzung fremd. Ich spürte mich verstanden, gefördert und begann zu denken und zu formulieren, sie verstummten. Ich stieß in dieser Zeit auf zwei Bücher, die nicht auf dem Schulplan zu finden waren: »Also sprach Zarathustra« von Nietzsche und »Das Leben der Bienen« von Maeterlinck. Beide Bücher haben mich sehr beschäftigt und viel in mir aufgewühlt. Ich suchte jemanden, mit dem ich darüber sprechen konnte. Es war die Lehrerin, die beide Bücher kannte. Obwohl Nietzsche nach offizieller Denkart als bürgerlich dekadenter Philosoph galt und als Vordenker des Faschismus apostrophiert wurde, sein Werk dementsprechend in der Sowjetunion nur unter der Hand kursierte, konnte ich mit ihr über meine Gedanken und Fragen dazu offen reden. Andere Themen und Gedanken schlossen sich an und öffneten mir eine Welt des Lernens, die viel mit mir zu tun hatte.

Die Lehrerin blieb eine Episode. Sie fand wenig Anklang im Rektorat und verschwand bald wieder. Im Literaturunterricht breitete sich für mich wieder das Schweigen aus.

Schweigen gehörte überhaupt zum Leben. Ohne daß man es uns ausdrücklich gesagt hatte, »wußten« ich und alle Kinder meiner Zeit sehr gut, was man nur in der Familie oder zu Freunden sagen durfte, was man für sich behalten mußte und worüber man in keinem Fall in der Schule reden durfte. Man sprach nicht über nationale Probleme, man schwieg besser zu den Äußerungen der politischen Führer, man hielt sich mit Bemerkungen über die unbefriedigenden ökonomischen Verhältnisse zurück. Man wußte, daß jedes Wort gegen einen verwandt werden konnte. Wer Erfolg haben wollte, schwieg besser und dachte sich sein Teil.

Die meisten Lehrer hielten sich streng an den Lehrplan und reagierten cholerisch auf Abweichungen. Sie blieben mir fremd. Sie waren Funktionsträger und gaben sich nicht als Personen zu erkennen, die eine individuelle Vergangenheit, eine Gegenwart und eine Zukunft haben. So war verständlich, daß unter uns Schülern eine Menge Gerüchte über sie kursierten. Von einem Mathematiklehrer hieß es, er hätte früher in einer Fußballmannschaft der Gestapo gespielt, von einem Deutschlehrer wurde gesagt, er hätte intensive Beziehungen zum KGB. Hinter diesen drei Buchstaben stand für uns Allmacht, unsichtbar, aber überall vorhanden. In den Augen, die uns nicht offen ansahen, und hinter den leeren Worthülsen der Lehrer vermuteten wir als Geheimnis der Macht eine Gewalt, die nur *eine* Antwort, nur *eine* Interpretation auf die vielen Fragen zu Literatur, Geschichte, Gesellschaftskunde und Musik zuließ.

Wenn wir im Geschichtsunterricht von Kriegen, Eroberungen und Revolutionen hörten, wer wen unterdrückt und erschlagen hat, wer wen an den Rand des Meeres getrieben und in die Emigration geschickt hat, dann gab es nur eine Wahrheit: Die Roten hatten immer recht. Gewalt und Unterdrückung waren identisch mit den Weißen oder den Amerikanern, dem Imperialismus. Die Kommunisten dagegen kämpften für die gerechte Sache, waren meist Zielscheibe des Bösen, und metzelten sie ihrerseits, dann war es ein historischer Prozeß, der notwendigerweise nicht ohne Opfer abgehen könnte. Dieses Rot-Weiß-Schema lag nicht nur dem Unterricht zugrunde, sondern zog sich wie ein Glaubensbekenntnis quer durch alle Medien.

Für mich, der jeder gewalttätigen Auseinandersetzung aus dem Weg ging, der nie Bandit spielen wollte, waren entsprechende Filme im Fernsehen eine inhumane Rechtfertigung von Gewalt. Sie machten mir angst, die sich in meinem Schlaf als Alpträume fortsetzte. Die sakrosankte »objektive Wahrheit« im Geschichtsunterricht verordnete meinem subjektiven Empfinden, das gegen das angeblich gerechte rote Erschlagen revoltierte, Schweigen.

Wir wußten (aber nicht, warum), daß wir nicht denken, sondern wiederholen sollten. Wir ahnten, auf einer Oberfläche zu treiben, ohne etwas über die Gründe zu wissen. Die Oberfläche schien endlos und für uns oft das Ganze zu sein. So begnügten wir uns damit und vergnügten uns an ihren Rissen und in ihren Nischen. Unter der Schulbank wurde mit illegalen Raubpressungen der verpönten Rock- und Popmusik gehandelt. Als Tonträgermaterial dafür mußten belichtete, nicht mehr gebrauchte Röntgenfilme herhalten. So konnte es sein, daß von der Aufnahme eines Beinbruchs das »Yesterday« der Beatles klang.

Mit einer gewissen Regelmäßigkeit betranken sich unsere Erzieher nach den Lehrerversammlungen. Derselbe Pädagoge, der mich wütend aus der Klasse geschickt hatte, weil ich einem Mitschüler etwas zugeflüstert hatte, war im alkoholisierten Zustand von einer zwar zwiespältigen Umgänglichkeit, die aber nicht mehr zu fürchten war. Im Gegenteil, wir lachten über sie und fühlten uns trotz des Alters- und Rangunterschieds überlegen.

Zu direkten Konflikten mit den Lehrern und dem Schulsystem kam es selten, aber ein-, zweimal geschah es doch. Als die Dresdner Staatskapelle in Riga konzertierte, freundete ich mich – ich sprach ja gut deutsch – schnell mit einigen Musikern an. Zusammen mit ein paar Schulfreunden besuchte ich die älteren ausländischen Kollegen im Hotel »Riga«. Wir waren damals fünfzehn oder sechzehn Jahre alt, spielten ihnen vor und wurden mit raren, für uns wertvollen Violinsaiten beschenkt. Abends nach ihrem Konzert wurden wir von unseren neuen Freunden im Hotel zum Essen eingeladen. Da stießen wir aber auf den außergewöhnlich strengen und unangenehmen Direktor der Lettischen Philharmonie, Philipp Schweinik. Wir hätten hier nichts zu suchen, schimpfte er, und verjagte uns mit der Drohung, er würde sich beim Schuldirektor über uns beschweren. Schon zwei Tage später machte man uns in der Schule einen Prozeß wegen »Kontakten zu Ausländern«. Wir wurden einzeln aus den Klassen gerufen und verhört. Die Direktion war von einer höheren Instanz kritisiert worden, die Schüler ideologisch schlecht zu erziehen. Besorgt um ihr Image, war der Schulleitung jedes Mittel recht, uns zu maßregeln. Wir hätten nach neun Uhr abends zu Hause zu sein und dürften außerhalb der Schule nicht musizieren, schon gar nicht in einem Hotel. Der eine oder andere meiner Kameraden bekam von den Eltern weitere Vorwürfe zu hören. Wir versuchten zusammenzuhalten und die Vorwürfe nicht widerspruchslos hinzunehmen. Soja hatte Angst und brach in Tränen aus. Wendig wie Fische interpretierten Arkadij und ich unser Verhalten als normal und selbstverständlich und waren ehrlich erstaunt, daß es nicht so akzeptiert wurde. Felik hingegen provozierte und wollte wissen, wo geschrieben stand, daß er abends um neun Uhr zu Hause zu sein habe und außerhalb der Schule nicht musizieren dürfe. Wir demonstrierten die Solidarität der Unschuld. Nur Ljuda, die weder im Hotel mitgespielt hatte noch angeklagt war, stellte sich in der Klasse nicht auf unsere Seite und entschuldigte sich fast dafür, mit uns befreundet zu sein. Von Ljudas Vater munkelte man, daß er eine Funktion im Bereich des Geheimdienstes bekleide, und ich vermute, sie hat von Zuhause Druck bekommen.

Erst Sojas Vater machte der Geschichte ein Ende. Er erschien auf dem Rektorat, pochte auf seine Parteizugehörigkeit, drohte mit seinen Einflußmöglichkeiten und behauptete, besser zu wissen, was für die Schüler gefährlich sei, diese »Ausländer aus dem sozialistischen Bruderland« jedenfalls nicht. Daraufhin wurde es still. Auch wenn wir am Schluß des Semesters eine schlechtere Zensur für Benehmen bekamen, änderte das unsere Überzeugung nicht, im Recht gewesen zu sein.

Mit einigen dieser deutschen Musiker hielt ich über viele Jahre Freundschaft. Ein Foto von unserem »Hotelzimmerkonzert« zeigt Felik, Arkadij, Soja und mich, wie wir über etwas lachen, was die Kamera nicht festgehalten hat.

Auch wenn für uns die Lektion in Sachen Staatsräson mit viel Rauch um nichts endete, lernten wir doch, wie leicht man – ohne Böses zu wollen – zur Unperson gemacht werden kann.

Die Zeiten waren weniger angsteinflößend als jene, die unsere Eltern noch vor kurzem erlebt hatten. Die dreißiger und vierziger Jahre, die Verhaftungen und Schauprozesse, der Stalinterror, all das war vorbei. Aber in den Seelen der Menschen grollte es wie ferne Detonationen. Wir waren die Kinder jener Zeit, die nächste Generation. Ich zitterte, wenn man auf der nahen Düna das Eis sprengte. Es waren Töne, die ich in meinen Angstträumen von Krieg und Gewalt hörte.

Die Samstage erklärten wir zu »Atempausen«. Wir suchten Ablenkung von den vielen Zwängen der Schule und des Übens und spielten Karten. FLAG hieß unser Privatclub: Felik-Ljuda-Arkadij-Gidon. Sehnsüchtig erwartete ich die Woche über den Samstag, das Kartenspiel, den Tee, die belegten Brote und das Gebäck meiner Großmutter dazu. Später stürzten wir uns in »Orgien«, so nannten wir unsere Treffen in einem der vielen Cafés von Riga. Wir trafen uns dort, wenn wir die Schule schwänzten, nach Kinobesuchen oder zu endlosen Gesprächen über Gott und die Welt. Die Cafés waren die Oasen in unserem Alltag.

Mit allen Mitteln versuchte man, dem Lernstreß zu entkommen, aber dennoch funktionierte die von meinen Eltern eingestellte innere Uhr. Üben muß sein, das habe ich früh gelernt. »Begabung verpflichtet!« Wenn ich schon nicht turnen, nicht zeichnen und nicht systematisch denken konnte, wenn ich außerdem ein »Fremder« war, der sich noch nicht einmal bei seinen Eltern aussprechen konnte, und wenn ich trotzdem mehr und anderes wollte als mein Vater, dann mußte ich geigen.

Mein Vater, der selten Zufriedenheit mit meinen Fortschritten zeigte, bewegte mich eines Tages zu einer außerordentlichen Tat. Immer wieder behauptete er, daß er einmal zwölf Stunden hintereinander geübt hätte. Irgendwann hatte ich es satt, mich ständig an seiner »Heldentat« messen zu lassen. Physisch war ich nach zwölf Stunden Spielen am Ende meiner Kräfte, aber ich wollte kein »remis«. Ich wollte Vater »matt setzen« mit dem Mittel, das er mir in die Hände gelegt hat, mit der Geige. Ich zwang mich durchzuhalten und spielte eine kleine Weile länger.

Ich hatte begriffen, daß ich meine eigenen Fähigkeiten gnadenlos ausbilden mußte, um zu beweisen, daß ich und meine Töne es wert sind, gehört zu werden. Wie oft schrieb ich in mein Tagebuch: »Ich werde es eines Tages schaffen, ich werde euch zeigen, daß ich Liebe *verdiene*!«

Welch ein Irrtum!

Liebe, das habe ich erst später in bitteren Lektionen erfahren, kann man nicht verdienen. Ich habe damals nicht verstanden, daß Liebe keine Handelsware ist, keine Leistung für etwas. Die Geige sollte mich weiterbringen, mich bestätigen, mir die Welt öffnen, mich liebenswert machen. Ich merkte nicht, wie der Beruf sich dabei meiner Gefühle bemächtigte.

Die Geige und die Liebe

In den neun Jahren, die mein Vater meinem Geigenspiel widmete, wurde für meinen Beruf ein wichtiger Grundstein gelegt. Auch wenn ich die väterliche Aufsicht zeitweise als überaus belastend empfand, bekam ich in seinem Unterricht nicht nur die Last der Arbeit zu spüren, sondern genoß auch die Lust erreichter Ziele. Vaters Genugtuung übertrug sich auf mich. In den verteufelten Wiederholungen derselben schwierigen Stellen, die er mir abverlangte – wobei er die Zahlen 4-8-10 besonders mochte –, lag auch etwas Spielerisches. Noch heute benütze ich diese Methode als organisatorisches Element bei der Arbeit. Sie schützt vor Übermüdung und sorgt für Ablenkung. Man erträgt die beträchtliche Anstrengung des Übens leichter, wenn man sich eine Grenze setzt, wenn man weiß, daß eine bestimmte Stelle nur noch sieben-, sechs-, fünfmal zu spielen ist.

Mein Vater besaß ein gutes Ohr für Intonation und Rhythmus. Er verlangte, daß ich alles sorgfältig durcharbeitete und verzieh mir keine Flüchtigkeit. Als Lehrer legte er auf die technische Beherrschung des Instruments großen Wert, als Künstler erwartete er »Musik« von mir. Wenn ich die notwendige Vorbe-

reitungsarbeit geleistet hatte, sollte ich mit »Gefühl«
spielen.

In späteren Jahren, als ich schon konzertierte,
setzte er sich gerne zu mir, wenn ich übte. Nicht
selten bemerkte ich Tränen in seinen Augen. Ob vor
Stolz oder weil er von der Musik ergriffen war, weiß
ich nicht, vielleicht berührte ihn beides. Aber er
wurde auch dann nicht müde, mich daran zu erinnern, immer wieder »die schwersten Stücke« zu
erarbeiten und vorzutragen, damit ich »in Form«
bliebe. 4-8-10. An den »großen Künstlern« sollte ich
mich messen. Voller Begeisterung beschwor er sein
Vorbild Bronislaw Hubermann, den er in seiner Jugend gehört hatte, sprach von Heifetz, Szeryng und
Kogan.

Die Neigung zur Sentimentalität und den Hang
zum Perfektionismus habe ich zweifellos von ihm
geerbt.

Viele Musiker, meist Geiger, die Riga besuchten,
waren bei uns oder bei meinen Großeltern zu Gast.
Ein wichtiges Motiv dieser Einladungen war für meinen Vater, mich den Gästen vorzustellen. Das Vorspielen war für mich ein Anreiz zu üben. Ich erfuhr
nämlich bei diesen Gelegenheiten, daß man als
Zehnjähriger einen erfahrenen Künstler beeindruk-
ken kann. Ich begann den ersten Geschmack von
Erfolg zu kosten. Einerseits brauchte ich ihn (stolze
und zufriedene Eltern waren etwas wert), andererseits waren mir schon damals die Urteile anderer in

gewissem Grad gleichgültig. Ich wußte besser als jeder andere, was ich gut und was schlecht gemacht hatte. Mir kommt dabei die Geschichte eines Jungen in Florenz in den Sinn, der sich – von seiner Mutter angestachelt – um ein Autogramm von Leonard Bernstein bemühte. Ich kannte den Jungen, er war reizend. Bernstein unterhält sich mit ihm, fragt ihn aus und läßt ihn auf dem Klavier vorspielen. Als der Junge aus dem Künstlerzimmer herauskommt, sagt er zu seiner Mutter: »Weißt du, Mami, Bernstein ist vielleicht ein großer Künstler, aber er ist auch ein Lügner!« »Warum denn das?« wundert sich seine Mutter. »Ich habe wie ein Schwein gespielt, und er sagt, es sei hervorragend gewesen.«

Die Geiger, die zu uns nach Hause kamen, hatte ich alle vorher in ihren Konzerten gehört. Um mich zu einem kritischen Verhältnis mir selbst und der Musik gegenüber zu erziehen, wollte mein Vater jedesmal hören, wie ich sie beurteile. In der Erinnerung klingen mir einige meiner damaligen Einschätzungen, selbst wenn ich Abstriche aufgrund meines jugendlichen Alters mache, ziemlich überheblich. Großvaters typische (aber begründete) Urteile »von-oben-herab« und Papas kritische Strenge beförderten in mir eine gnadenlose Härte im Urteil, auch wenn ich es noch nicht musikalisch begründen oder auf erworbene Kenntnisse stützen konnte. Trotzdem vertraute ich darauf, intuitiv immer das Richtige zu hören. Leider hat sich später diese Unbarmherzigkeit des Hörens auch gegen mich selbst gerichtet.

Der zweite, neben meinem Vater wichtigste Lehrer war Voldemārs Stūresteps, ein Schüler von. Sevčic aus der Prager Schule. Stūresteps, den wir auf russisch Wladimir Andrejewitsch nannten, war ein liebenswerter, warmherziger Mensch mit dem Talent, nicht alles gleich tragisch zu nehmen. Diese Haltung und seine mir zugewandte Aufmerksamkeit waren ein wichtiges und ausgleichendes Element für meine Entwicklung. Er half mir auch, den einen oder anderen Konflikt zu neutralisieren, den ich zu Hause auszutragen hatte.

Stūresteps leitete eine Geigenklasse, von deren Schülern später viele sehr erfolgreich waren. Unsere Klassenkonzerte hatten zumeist ein hohes Niveau, und jeder von uns fühlte sich herausgefordert, das Beste zu geben. Diese Abende waren auch ein Tummelplatz des Ehrgeizes und der »Meinungen« unserer Eltern.

Wladimir Andrejewitsch hielt mich zwar für begabt, aber ich spürte, daß er Grenzen bei mir vermutete. Er war großzügig genug, mir das nie zu zeigen, vielleicht weil er etwas von meinen inneren Grenzkämpfen ahnte. Ich war davon überzeugt, nach und nach meine Möglichkeiten ausbauen zu können. Mit der Zeit räumte ich einige seiner Vorbehalte aus dem Weg, die wohl auch dadurch entstanden waren, daß er meine Eltern gut kannte. Er wußte von den Absichten meines Vaters in bezug auf mich und kannte Vaters Ehrgeiz. Bei einem Kind, das wie ich von den

Eltern gleichermaßen gefördert als auch mit hohen Ansprüchen gequält wird, ist es zumindest schwierig, dessen eigene Substanz auszuloten. Stūresteps' leiser, kaum wahrnehmbarer Zweifel mir gegenüber wurde mehr als ausgeglichen durch seine Hilfe, wenn bei mir zu Hause die Zeichen stimmungsmäßig mal wieder auf Sturm standen. Mit seiner menschlichen Wärme unterstützte er meine Suche nach mir selbst. Das war nicht wenig. Daß ich dann später mehr erreichte, als er erwartet hatte, überraschte und freute ihn.

Stūresteps' Favorit in der Klasse war Filip Hirschhorn, der eigenwillig, abrupt, direkt und stolz war, man könnte auch sagen: anarchisch.

Einmal, nach Unterrichtsschluß, stand ich mit ihm noch im Klassenzimer zusammen, und er zündelte nebenbei aus Laune das Kreppapier an, mit dem ein Blumentopf umwickelt war. Wir sahen der enormen Rauchentwicklung interessiert eine Weile zu, löschten dann das Feuer und gingen ohne nachzudenken aus dem Klassenzimmer. Am nächsten Tag war in der Schule von »Brandstiftern« die Rede. Wir hätten jede Möglichkeit gehabt, uns herauszureden und so zu tun, als wüßten wir von nichts. Aber nein, Filip Hirschhorn ging hin und sagte: »Ich hab's gemacht, ohne Absicht, nur so.« Und dabei blieb's, obwohl er wußte, daß er deshalb von der Schule fliegen konnte.

Wir nannten ihn Felik, und er war in dieser Zeit ein wichtiger Freund von mir. Der Wettkampf zwischen ihm und mir, auch um die Gunst unseres Lehrers, war die Basis unserer Freundschaft.

Feliks Art, sich zu äußern, schockierte oft. Für einen internationalen Wettbewerb in Polen war er für ein Auswahlspiel in Moskau nominiert worden. Ich war schon in Riga beim Vorspiel herausgefallen, durfte aber zum Zuhören mit ihm nach Moskau fahren. Felik spielte gut und kam in die zweite Runde, mit berechtigten Aussichten, das Finale zu erreichen. Plötzlich bricht er – unzufrieden mit sich – mitten im Spiel ab und verläßt wortlos den Raum. Zurück blieben eine brüskierte Jury und sein enttäuschter Lehrer.

Viel später in Leningrad, wir hatten uns Jahre nicht gesehen, begrüßt er mich nach einem Soloabend von mir mit: »Gratuliere, sehr schlecht!« Obwohl ich damals schon ein erfolgreicher Preisträger war, verstand ich Feliks Urteil nicht als arrogant oder gar zynisch. Aus seiner Sicht war er wahrscheinlich nur mal wieder radikal offen mir gegenüber.

Schon in der Schulzeit ließ ich mich von seiner direkten Kritik herausfordern. Durch seine harte, aber ehrliche Art, sich auszudrücken, lernte ich meine Empfindlichkeiten besser kennen. Wir übten gemeinsam, spielten uns gegenseitig vor und halfen einander. Eine Zeitlang hatten wir abgemacht, täglich mindestens fünf Stunden zu üben. Wer weniger übte, mußte von seinem Taschengeld in eine gemeinsame Kasse einzahlen.

Es schmerzte Stūresteps sehr, daß Felik nicht immer die Erfolge erreichte, die er ihm gewünscht hatte. Noch mehr traf ihn allerdings, als wir beide eines Tages zum weiteren Studium nach Leningrad abreisten, ohne vorher mit ihm darüber gesprochen zu haben. Ich kehrte ein halbes Jahr später zurück, um in Riga die Schule abzuschließen. Felik blieb noch Jahre in Leningrad. Stūresteps aber war uns beiden ein Freund bis ans Ende seiner Tage.

Kurz vor seinem Tod besuchte ich ihn noch einmal. Er war sehr krank. Arthritis hatte seine Hände verformt, und jeder Schritt tat ihm weh. Er erzählte mir von dem Grabstein, den er sich ausgesucht hatte. Er, der jahrzehntelang uns angespornt, mit seinen glänzenden Augen angestrahlt und in jeder Situation einen Weg gezeigt hatte, war müde und gebrechlich geworden. Als wir uns zum Abschied umarmten, hatte ich ein seltenes Gefühl von Nähe. Ich verließ seine Wohnung mit der Gewißheit, ihn das letzte Mal gesehen zu haben, und mußte an den Sommer denken, in dem Felik, Arkadij und ich ihn in Engure, einem Fischerdorf am Ende von Jurmala, besuchten. Wir waren zwei oder drei Tage bei ihm zu Gast und schliefen auf seinem Dachboden im Heu.

Er war ein leidenschaftlicher Angler und nahm uns nachts zum Fischen mit. Wir wanderten durch Büsche und Schilf erst zum Meer und dann zum Fluß. Dort wurden Regenwürmer auf die Haken gesetzt (was mich anwiderte) und die Angeln ausgeworfen.

Wenn das Warten in der abgeschiedenen Dunkelheit begann, lange und still, angefüllt nur mit den Tönen des Windes und des Wassers, dann schien mir die Geige so entfernt wie die Sterne. Jeder war mit sich, und doch waren wir zusammen. Auch wenn wir heute in der ganzen Welt verstreut leben, habe ich noch immer dieses Gefühl von Vertrautheit zu meinen Freunden.

Im Laufe der Schuljahre wurde ich langsam auch in anderen Bereichen erwachsener. Waren es früher die Wasserpistolen aus der DDR gewesen, so fesselten mich nun die Aktphotos aus dem DDR-Magazin »Neues Leben«. Auch bei uns zu Hause hing ein Photo von schönen nackten Brüsten. Es war sicher ein künstlerisches Photo Mich aber begann es plötzlich aus einem anderen Grund anzuziehen. Bestimmte Stellen, geheimnisvoll und peinlich, in Büchern aus Vaters Bibliothek erregten und beschäftigten mich. Natürlich waren es die Bücher, für die ich erst noch »klug« werden sollte. Meine Eltern fanden keine Sprache, um mir die überraschenden Vorgänge in meinem Körper zu erklären. Mein Vater sagte nur kurz und streng, ich solle mit den Händen über der Bettdecke schlafen, wenn ich gesund bleiben wolle. Als eines Tages aus seinem Mund das Wort Onanie fiel, fühlte ich mich wie ertappt. Meine Pubertät bestand aus Unsicherheit und Schuldgefühlen. Einzig meine Großmutter versuchte mich aufzuklären. Sie schenkte mir ein deutsch geschriebenes

Buch mit dem Titel »Du und ich«. Russische Aufklärungsbücher gab es so gut wie keine. Auch Omi gegenüber schämte ich mich, und der Inhalt des Buches blieb mir in vielem dunkel. Viele Erklärungen und seltsam klingende Begriffe – ich las zum Beispiel »Schamplinen« – verstand ich nicht, und alles, was mit Blut zusammenhing, stieß mich eh ab.

Ich begann an Liebe zu denken, und die herrlichsten und romantischsten Erwartungen erfüllten mich dabei. Die Hoffnung, in einem weiblichen Wesen Resonanz zu finden, nahm ihren Anfang. Leider waren meine Erfolge bei den Mädchen sehr mäßig. Aus mir unbegreiflichen Gründen wurde ich immer wieder auf Distanz gehalten. Im besten Fall wollten die Ersehnten mit mir »Freundschaft« schließen. Das bedrückte mich, denn meine Absichten waren ernst, mein Ansinnen – genau genommen und von heute aus gesehen – eher platonisch.

Das erste Phantom, dem ich nachjagte, war Ljuda, für die das »L« in FLAG stand. Sie traf mich gern im »Club«, aber mied das Alleinsein mit mir, das ich so ersehnte. Ljuda verkörperte mein romantisches Bild vom weiblichen Ideal. Edel, schön, wahrhaftig und gut, so sah ich sie und hoffte, durch sie und meine unbedingte Liebe zu ihr Ordnung in meine Gefühle zu bringen. Ich verehrte sie und wollte alles oder nichts. Ljuda aber, die schon zwei Jahre ältere, interessierte sich unter anderen mehr für ... Felik! Trotzdem wollte ich alles, wobei ich nicht genau wußte, wie ich ihr verständlich machen konnte, daß ich unter »alles« eine Nähe verstand, deren Verbindlichkeit und Intimität sich schon in einem romantisch-symbiotischen Hand-in-Hand-Spaziergang erfüllen konnte. Die vielen Versuche, ihr meine Hingabe zu demonstrieren und sie ausschließlich für meine Liebe zu gewinnen, scheiterten. Ich reiste ihr bis Ewpatoria am Schwarzen Meer nach, wo sie mir zwar ihre Freundschaft versicherte, aber auch ganz offen sagte: »Du bist arrogant und aufdringlich. Für wen hältst du dich eigentlich? Warum bildest du dir ein, besser als andere zu sein?« Das waren Ohrfeigen. Ich biß die Zähne zusammen, vergrub mich in mein Tagebuch, wo ich genügend Platz fand, mich zu bemitleiden und wieder aufzubauen. Ich schwor mir, mehr zu üben, mehr zu wissen. Eines Tages wollte ich ihr zeigen, wer *ich* bin! —

Verlust

Felik wählte einen Augenblick, in dem wir alleine waren. »Ich soll dir sagen, dein Großvater ist tot.«

Trotz seiner Direktheit erreichte das Gesagte nicht mein Gefühl. Ich mußte den Inhalt erst *verstehen*.

Als ich zu Hause ankam, nahm mich die dort herrschende allgemeine Bedrückung gefangen, man sprach im Flüsterton, die Wohnung war verdunkelt, alle hatten verweinte Augen. Opas Leichnam lag im Schlafzimmer. Es kam der schlimme Augenblick, als ich das Zimmer betreten mußte, um mich von ihm zu »verabschieden«. Noch nie hatte ich einen mir nahen Menschen tot gesehen. Der Eindruck blieb, der Tod ist weiß...

Meine Großmutter sah sehr blaß aus und hatte starke Rückenschmerzen. Großvater, schwer von Gewicht, war in ihren Armen gestorben. Ihm war im Badezimmer schlecht geworden, und sie hatte versucht, ihn zu halten und ins Zimmer zu bringen. Sein Tod war ihr ins Kreuz gefahren.

Leute besuchten uns und gingen wieder. Die Türklingel tönte schriller als sonst. Der eine oder andere schien das zu ahnen und klingelte nur ganz kurz.

Nur mit Mühe und der Hilfe offizieller Stellen

gelang es, auf dem Waldfriedhof, dem schönsten Friedhof der Stadt, ein Grab zu bekommen. Der Tod des Großvaters verlor sich im Organisieren des Begräbnisses. Freunde und Bekannte mußten benachrichtigt werden. Mit dem Konservatorium, wo Großvater bis zuletzt unterrichtet hatte, wurde der Termin abgesprochen, Blumen mußten bestellt werden. Wenn man in Riga etwas dringend benötigte, konnte man sicher sein, daß es gerade das nicht gab. Viele, die kamen, wollten helfen.

Obschon mir klar war, daß Großvaters Tod für alle einen Verlust bedeutete, war ich überzeugt, daß nur ich sein Nicht-mehr-da-sein wie ein Loch in meiner Seele wachsen spürte. Ich fühlte mich inmitten dieses Treibens verloren, konnte aber auch nicht weinen. Am liebsten wäre ich weggerannt. Irgendwann ließ man mich aus dem Haus, und ich sprach mit meinen Freunden. Das half etwas.

Während der Vorbereitung der Beerdigung wurde vorgeschlagen, daß ich auf dem Friedhof spielen sollte. Die Großmutter wünschte sich etwas Langsames, eventuell Bach. Ich war gerade begeistert von Prokofjews Doppelsonate, die ich mit Felik probte, und schlug ihr den schönsten und verklärtesten Satz des Werkes vor. Meine Großmutter hatte Zweifel. Sie ließ sich von uns das Werk vorspielen und war dann einverstanden.

Der Tag der Beerdigung im Februar war kalt, die Zeremonie, die Ansprachen, die Musik fanden in einer Kapelle statt, die nicht geheizt war. Wir spielten in Mänteln. Maiglöckchen, Opas Lieblingsblumen, von irgendwo hergezaubert, fielen auf den Sarg im Grab. Dann ordneten sich die Menschen, die zum Begräbnis gekommen waren, in eine lange Reihe, um der Familie zu kondolieren. »Jetzt mußt du seine Sache weitermachen«, hörte ich. Ich spürte die Bedeutung dieser Worte, ihre Güte, und fühlte mich dennoch nicht betroffen oder geschmeichelt. Es war nur sehr kalt.

Die engsten Freunde kamen nach dem Begräbnis mit zu uns nach Hause. Es gab zu essen und zu trinken. Man sprach über den Großvater, über all das, was er geschaffen und hinterlassen hatte, daß er viel zu früh und unerwartet gestorben sei, und viele brachen wieder in Tränen aus. (Ich fragte mich damals nicht, ob ein erwarteter Tod weniger schmerzhaft wäre.)

Ich ging von Zimmer zu Zimmer (es gab nur zwei) und machte mir Vorwürfe, daß mich etwas ganz anderes beschäftigte. Soja, die Klassenkameradin, feierte Geburtstag, und Ljuda war wahrscheinlich auch dort. Ich wollte Ljuda unbedingt an diesem Abend sehen. Nur mit ihr könnte ich mich aussprechen (glaubte ich), nur ihr mitteilen, wie traurig alles war. Nur sie könnte mich und meine Gefühle verstehen (hoffte ich). Ich schämte mich für diesen Wunsch, konnte ihn aber nicht unterdrücken. Als die meisten Leute schon aus dem Haus waren, ging ich zur Großmutter. Sie lag auf dem Bett, und die Rükkenschmerzen quälten sie. Hier neben ihr, dem Menschen, der mir in der Familie am nächsten war, Omi, der der Tod ihren Lebensgefährten genommen hatte, hier brach ich zum ersten Mal in diesen Tagen in Tränen aus. Ich weinte und konnte lange nicht aufhören. Ich weinte auch über meine Zwiespältigkeit in dieser Situation. Omi hörte mir zu (sicher verletzte ich sie mit meinem Wunsch) und gab ihr Einverständnis. Ich durfte für kurze Zeit, »für eine Stunde« zum Geburtstag gehen. Nur tanzen dürfe ich nicht. Das versprach ich ihr. Erleichtert, aber mit gemischten Gefühlen verließ ich das Haus.

Auf der Geburtstagsfeier hatte natürlich niemand damit gerechnet, daß ich kommen würde. Alle wußten, daß Großvater gestorben war. Mein Auftauchen überraschte. Ljuda war da. Ich versuchte ein Gespräch mit ihr. Die langsame Tanzmusik machte mich sentimentaler, als ich schon war. Im Rhythmus des Tangos spürte ich eine Mischung aus Trauer und Hoffnung. Ich hatte Ljuda im Arm und war ihr nahe, aber alles, was ich mich sagen hörte, entsprach nicht dem, was ich sagen wollte. Ich fühlte mich verloren und verwirrt und sehnte mich nach Wärme.

Intermezzo

Im Herbst 1963 studierte ich für vier Monate in Leningrad. Es war das erste Mal, daß ich von Zuhause weg war. Ich sollte in einem Internat leben und hatte mich sogar darauf gefreut.

Viel von Leningrad habe ich damals nicht gesehen, denn die Regeln des Internats erlaubten uns nicht, oft auszugehen. Auch neue Aufgaben und die Umstellung auf andere Lehrer standen der Erforschung der Stadt im Weg. Professor Michail Waiman, ein wunderbarer Musiker, bei dem Felik und ich lernen wollten, widmete sich uns nur selten. Das enttäuschte mich sehr. Waiman verlangte von mir vor allem eine andere Haltung des Instruments, die mir später nur wenig weiterhalf, und er bestand auf seiner Methode, oft auf »leeren Saiten« zu üben.

Ich hatte mit vielem gleichzeitig zu kämpfen: mit meiner Ungeduld, mit Felik, der das Neue besser aufnahm als ich, mit der Klasse, in der ich mich fremd fühlte, und mit den Lehrern, die in den allgemeinen Fächern viel strenger waren, als ich es von Riga gewohnt war. Oft bekam ich schlechte Noten.

Das Privileg, nur mit Felik in einem Zimmer zu

wohnen (die meisten anderen Schüler im Internat hausten zu dritt oder zu viert in einem Zimmer), war kein Trost und bot wenig Schutz. Es kam dauernd zu irgendwelchen Reibereien zwischen Felik und mir, und zudem hatten wir das Gefühl, von den Lehrern ständig kontrolliert zu werden.

Ich erinnere eine Erzieherin, die offensichtlich mit dieser Aufgabe betraut war. Sie sah auf einem Auge schlecht, schlich humpelnd durch die Korridore, öffnete hier und da eine Zimmertüre, immer auf der Suche nach Unordnung oder etwas, was nicht erlaubt war. Natürlich waren wir hellhörig und wußten immer, wann sie in der Nähe war. Eines Tages erteilte ihr Felik eine Lektion. Als wir sie kommen hörten, zog er sich splitternackt aus und stellte sich vor die Tür. Der Schreck der Frau, als sie die Tür öffnete und vor Feliks nacktem Hintern stand, ließ uns lachen und eine Zeitlang Ruhe vor ihr, aber das Gefühl, überwacht zu werden, wurde ich nicht los.

Beim Essen in der Kantine wurden wir Opfer der von Chruschtschow ausgerufenen »Maisepoche«. Es gab Mais, Mais und nochmals Mais in allen denk- und eßbaren Formen. Zur Abwechslung kamen Grützen auf den Tisch, und das schon zum Frühstück. So eintönig und bescheiden stellte ich mir die Verpflegung im Gefängnis vor.

Trotz der Fürsorge meiner Eltern, die aus Riga anriefen und gelegentlich Päckchen schickten, fühlte ich mich alleine. Zudem machte mich das Gefühl unruhig, Ljuda sei es völlig gleichgültig, wo ich war und wie es mir ging. Die sehnsüchtig erwarteten Briefe, die ich mir versprochen hatte, trafen nur spärlich ein. Ich schrieb ihr häufig, schickte ihr von meinem Taschengeld Bücher und Platten, von denen ich wußte, daß sie sie mochte, und die in Riga nicht erhältlich waren. All das bewirkte das Gegenteil von dem, was ich wollte. Noch heute weiß ich, daß es ihr sechster Brief war, in dem sie sich meine Sendungen verbat. Sie empfinde meine Art, sie zu bedrängen, unfair. Unsere Interessen füreinander seien, »wie schon früher besprochen, zu verschieden«. Sie fühle sich »verpflichtet«, mir das zu schreiben.

Ich war so verzweifelt, daß ich beschloß, ihr gegenüber zu behaupten, den Brief nicht bekommen zu haben. Am nächsten Tag saß ich während des Mittagessens schweigend am Tisch. Ich konnte ja niemandem etwas von meinem Unglück sagen. Am wenigsten Felik, der es sich leicht machte mit Mädchen und auf meinen romantischen Gefühlen herumtrampelte mit Sprüchen wie: Eine Frau muß schön sein und schweigsam, sonst ist alles im Eimer. Ich wollte schreien, aber der Schrei kam nicht. Niemand fühlte meinen Schmerz. Ich nahm mit beiden Zeigefingern mein mit Tee gefülltes Glas, hob es langsam über die Tischkante und... ließ es los. Meine Mitschüler hatten meiner wortlosen Handlung zugesehen, starrten auf das geräuschvoll zersplitterte Glas am Boden und sahen mich fragend an. Es war für einen Augenblick still im Raum. Ich schwieg, und mein Gesicht muß so traurig ausgesehen haben, daß es sie unsicher machte. Ich hörte sie kurz auflachen und sah, wie sie sich kopfschüttelnd wieder ihrem Essen zuwandten.

»Wer das zerbrochen hat, räumt das auch weg!« sagte eine Erzieherstimme hinter mir. Ich blieb stumm, las die Splitter auf und ging auf mein Zimmer.

Unlängst sprach mich nach einem Konzert in Moskau ein junger Geiger an. Er stellte sich mit den Worten vor: »Sie waren vor langer Zeit gut mit meiner Mutter Ljuda befreundet.« »Ja, das stimmt«, nickte ich verwundert und… schwieg lieber. Die schmerzliche Beziehung aus meiner Jugend hatte inzwischen einen moderaten Platz gefunden.

Im Internat gab es noch mehr Regeln als zu Hause. Ich mußte mir immer mehr eingestehen, verwöhnt zu sein. Die Vorteile zu Hause schätzte ich erst, als sie mir fehlten.

Alle Internatsschüler mußten regelmäßig an einem festgelegten Badetag in eine öffentliche Badeanstalt gehen. Die Prozedur mußte erlernt werden. Die Kleiderkabinen befanden sich weit entfernt vom großen Badesaal, wo eine Unmenge nackter Körper sich wusch. Die Atmosphäre im Dampf und Lärm war der eines Bahnhofs ähnlich. Alle drängten und beeilten sich. Nur die Züge fehlten. Ich verhielt mich schon beim ersten Besuch ungeschickt, war schamhaft und fühlte mich ausgestellt. Irgendwann entglitt mir die Seife, Schaum floß mir in die Augen, und ich fand mein Handtuch nicht. Die Brille lag irgendwo weit entfernt. Die Augen brannten, ich sah nichts mehr, wußte mir nicht zu helfen und war dem Spott der anderen ausgesetzt. Nie mehr wollte ich danach ein Gemeinschaftsbad besuchen. Das war nicht Gidon, sondern irgendein Körper gewesen, der da unter der Dusche gereinigt werden sollte. Die Atmosphäre ähnelte meiner Musterung zum Militär: der gleiche Geruch, die Anonymität der nackten Körper, auf eine Nummer reduziert und zu Befehl zu sein.

Der Wunsch, wieder zurück nach Riga zu gehen, wurde immer größer, auch weil der Unterricht mit Waiman so unregelmäßig war und jedesmal nur bescheidene zehn bis fünfzehn Minuten dauerte. Ich konnte mich seinen Methoden nicht anpassen und fühlte mich auch bei seinem Assistenten nicht aufgehoben.

Was mir in diesen Monaten sehr half, war die Freundschaft mit Olja, der Tochter eines Musiklehrerehepaars. Sie war mit meinem Freund Yuri liiert, und ich erwartete von unserer Beziehung weder Intimität noch Ausschließlichkeit. Zum ersten Mal erlebte ich wirkliche Freundschaft mit einem Mädchen. Mit Olja konnte ich über alles sprechen. Auch im Bereich der Musik lernten und erfuhren wir viel voneinander. Ich hörte mit ihr die »West-Side-Story« von Bernstein auf Platte. Was heute ein nostalgischer Schlager ist, hielt uns damals mit seiner unmittelbaren Aussage in Bann. Die dramatische Liebesgeschichte konfrontierte uns mit den eigenen Erfahrungen der Liebe, die wir unabhängig voneinander hatten und jeder auf seine Art idealisierte.

Olja, die mein Spiel auf der Violine schon ein Jahr zuvor, während eines Austauschbesuches der Leningrader Zentralmusikschule, in Riga kennengelernt hatte, glaubte an mich. Sie schenkte mir ihr Vertrauen und machte mir Mut. Wir nahmen unsere Probleme gegenseitig ernst. Das war die Basis unseres Dialogs und unserer Freundschaft. Olja bedauerte meine Entscheidung, nach Riga zurückzugehen, hatte aber Verständnis dafür. Selbst große Entfernungen hinderten uns nicht, unserer Beziehung treu zu bleiben.

Idole

Mein erstes Künstleridol war, wie für viele meiner Generation in der Sowjetunion, der Preisträger des ersten Tschaikowsky-Wettbewerbs Van Cliburn. Damals, 1958, konnte ich mir noch nicht vorstellen, daß ich 1970 selber Preisträger dieses Wettbewerbs sein würde. Cliburn wurde in Rußland nicht nur zur Legende, weil er wunderschön, frei und romantisch Klavier spielte, sondern auch, weil er der erste westliche Musiker war, der den Eisernen Vorhang überwand und damit seinem Publikum die Möglichkeit einer politischen Öffnung zeigte. Heute würde ich sagen, er wurde zur Symbolfigur eines unbestimmten Freiheitswunsches.

Für eine Zeit war er mein absolutes Vorbild. Ich sammelte seine Photos, alle Artikel über ihn und schrieb ihm Briefe, die nie beantwortet wurden. »Van Cliburn, Amerika« hatte ich als Adresse angegeben. Einen Erfolg, wie er ihn hatte, wünschte ich mir; die Menge der Leute vor der Bühne, die Liebe, die ihm entgegenschlug. In Moskau wurde er buchstäblich auf Händen aus dem Saal getragen, und überall, wo er spielte, wurde er mit Geschenken überhäuft. Natürlich habe ich ihm auch etwas geschenkt. Als er später in einem Interview von einem Jungen erzählte, der ihm in Riga einen Teller mit dem Bild von Tschaikowsky geschenkt hat, machte mich das neidisch. Es war Feliks Geschenk gewesen.

Oistrachs Schüler Valery Klimow, der zur selben Zeit den Violinwettbewerb gewonnen hatte, wurde nicht auf die gleiche Weise gefeiert. Im Gegenteil, es kursierte der böse Witz: Was haben Cliburn und Klimow gemeinsam? Antwort: Beide haben den ersten Preis und können nicht Geige spielen!

Bis heute empfinde ich solche »Bonmots« als verletzendes und zynisches Gerede böser Zungen. Ich konnte und kann darüber nicht lachen. Klimow war in seiner Technik ein überzeugender Geiger. Was ihm fehlte, war die Aura, die der junge Van Cliburn ausstrahlte, der romantische und unmittelbare Ausdruck der Seele. Dieser objektive Unterschied verkam durch das bösartige Gerede zur Banalität, wobei sicher auch die Tatsache eine Rolle spielte, daß Cliburn Amerikaner und Klimow Russe war.

Für mich war der Wirbel, der um Cliburn und seine Auftritte entstand, wichtiger als sein erster Preis im Wettbewerb. Mich beeindruckte sehr, wie bescheiden, ja fast rührend sentimental er auftrat. Ich spürte eine Seelenverwandtschaft zu ihm.

Mit dem Tschaikowsky-Wettbewerb wurde der klassischen Musik und ihren Interpreten vom sowjetischen Staat eine Reverenz erwiesen, die international Wellen schlug. Fernsehen und Rundfunk berichteten täglich über das Ereignis. Sämtliche Preisträger, sogar diejenigen, die nur auf dem elften und zwölften Platz gelandet waren, reisten durchs Land

123

und erhielten großen Beifall. Ich erinnere mich an die wunderbare australische Geigerin Mary Beryl Kimber und ihre natürliche Art zu spielen. Sie besuchte uns, und selbstverständlich mußte ich ihr vorspielen. Und wie habe ich mich bemüht, gut zu sein! Ihre persönliche Ausstrahlung und ihre Worte hatten, wie ihre Musik, etwas Ernstes und gleichzeitig gelassen Heiteres. Das bewegte meine Seele und ließ mich von fernen Ländern und anderen Menschen träumen. Wie ein Magnet zog mich die von ihr erzählte fremde Welt an. Weit weg und frei wollte ich leben. Erfolgreich und geliebt. Aber der nächste Tag war wieder ein ganz normaler Schultag.

Irgendwann bewarb ich mich um die Teilnahme an einer Gruppenreise ins westliche Ausland. Dazu mußte das Komsomol-Bezirkskomitee sein Einverständnis geben. Meine Hoffnung brach zusammen, als man mich dort fragte, ob ich denn schon die »ganze Sowjetunion« gesehen hätte.

Wenn ich schon nicht ins Ausland darf, sagte ich mir, dann lade ich das Ausland ein. Wir gründeten in der Schule ein Komitee, das es sich zur Aufgabe machte, all die ausländischen Künstler, die nach Riga kamen, zu uns in die Schule einzuladen.

»What a little book!« hatte mir Mary Beryl Kimber in mein streichholzschachtelgroßes Autogrammbüchlein geschrieben, auf dessen erster Seite Cliburn, gefolgt von Klimow, mir ihre Unterschriften gegeben hatten. Später hat auch Oistrach auf dem wenigen Raum seinen Namen mit einem »Herzlichen Gruß« untergebracht.

Dieses grün gebundene, kleine Buch ist verschollen. Ich habe an den vielen Orten, wo ich gelebt habe, vieles zurückgelassen, vieles ging verloren. Vielem trauere ich nicht nach. Es war in meiner Familie so, man verließ oder mußte Orte verlassen, oft, und man nahm nur die Koffer und ging. »Hänge nicht an den Dingen«, sagte mir meine Großmutter schon als Kind.

Ich weiß nicht genau, warum mir heute das kleine grüne Büchlein fehlt. Vielleicht aus dem gleichen Grund wie die Bibliothek meines Vaters: ein Splitter meiner Welt.

»Jetzt bist du groß genug«, sagten irgendwann meine Großeltern und nahmen mich mit in die Oper: »Carmen«, sie wurde zu meiner Lieblingsoper.

Im allgemeinen wurde in Riga an der Oper lettisch gesungen, aber an diesem Abend sang Georg Ots, ein hervorragender estnischer Bariton, den Escamillo in seiner Sprache. Die Carmen des Abends war eine Russin oder eine Bulgarin, die ihren Part ebenfalls in ihrer Muttersprache gab, und der Stargast Mario del Monaco sang den José auf italienisch. Babylon auf dem Theater, ich fand es lustig, aber auch verwirrend. Es störte mich, daß sie auf der Bühne so taten, als würden sie sich verstehen.

Da Richard Wagner einige Zeit als Musikdirektor am Theater in Riga verbracht hatte, war man an der Oper bemüht, eine Wagnertradition (in lettischer Sprache) wachzuhalten. Der jugendliche Tannhäuser, von einem sechzigjährigen Tenor mit schriller Stimme gesungen, raubte der Handlung für meinen Geschmack die Spannung. Auch die Dekorationen und Kostüme waren scheinbar nie vom historischen Staub befreit worden, den man in Wolken im Scheinwerferlicht aufsteigen sah. Bei den Pilgern bekam ich heraus, daß es immer dieselben waren, die auf der Bühne so taten, als wären sie ein endloser Zug pilgernder Menschen. Sie verschwanden nur auf der einen Seite in der Kulisse, um auf der anderen wieder herauszukommen. Auch auf dem Roten Platz in Moskau wurden solche Karree-Demonstrationen organisiert. Ich hatte Zweifel an der Wahrhaftigkeit des Theaters. Aber wenn dann die hervorragende Sopranistin Germaina Heine-Wagner sang, verfiel ich ganz der großen wagnerschen Opernwelt.

»Rausgeschmissenes Geld!« sagte mein Vater, als ich mir von meinem Gesparten für fünfunddreißig Rubel (das war damals sehr viel) ein Billett kaufte, weil ich mir ein berühmtes französisches Tanzpaar in der »Giselle« ansehen wollte. Das Zusammenspiel von Bewegung, Musik und Bühnenlicht hatte eine magische Anziehungskraft auf mich. Ich habe ohne Widerrede ja gesagt, als mein Vater die Bedingung stellte: Du kannst gehen, wenn du dafür soundsolange übst.

Weil ich mich manchmal beim Geigenspiel so extrem bewege, denken manche Leute, daß ich das vor dem Spiegel übe. Ich übe es nicht, es passiert mir und mag die Reminiszenz meines Wunsches nach der Einheit von Musik und Bewegung sein.

Ballett gehörte zum Schulalltag, gemeinsame Auftritte mit der Tanzklasse waren Programm unserer Ausbildung. Die Welt und der Schweiß des Balletts gewannen mir immer mehr Respekt ab. Auf unserer Schule hat für einige Schüler ihre Weltkarriere als Tänzer begonnen wie zum Beispiel für Misha Baryshnykow.

Allmählich begannen auch für mich die ersten öffentlichen Auftritte außerhalb der Schule. Erst in Riga, dann reisten wir mit Klassenkonzerten nach Vilnius und Tallin. Ich war begeistert von diesen Tourneen. Auch wenn ich mich manchmal einsam und allein fühlte, genoß ich die ersten Anerkennungen in der Fremde. In Vilnius erlebte ich außerdem ein Konzert mit Isaac Stern auf seinem künstlerischen Höhepunkt. Mit Werken von Bach, Beethoven und Franck setzte er für mich Maßstäbe der Interpretation.

Bald durfte ich selbständig und *alleine* »in den Kampf« ziehen. Bei den ersten Auswahlvorspielen für den internationalen Wieniawski-Wettbewerb (1961 in Poznan, Polen) kam ich über Riga nicht hinaus. Dann wurde ich dreimal (1962 für Paris, 1963 für Bukarest und 1965 nochmals für Paris) zu weiteren Auswahlrunden nach Moskau geschickt, aber jedesmal endete das Abenteuer im »Vorzimmer«. Dennoch, ich war in Moskau gewesen und hatte mich im »Zentrum« vorgestellt. Wladimir Andrejewitsch ließ mich wissen, daß ich sehr positiv beurteilt worden sei, die Jury allerdings der Meinung war, daß ich noch ein wenig »gekämmt« und in bestimmten technischen, rhythmischen und stilistischen Dingen mehr »organisiert« werden müßte. Bei einer dieser Gelegenheiten gewann auch Oistrach den Eindruck eines eigenartigen Exzentrikers von mir.

Trotz vieler Niederlagen ließ ich mich nicht unterkriegen. Ich baute mich jedesmal wieder am einstudierten Repertoire auf. An die vierzig »Runden« mußte ich bestehen, bis sich mir der Weg zur Bühne endgültig öffnete! Endgültig? Hat das Auswahlverfahren bei Künstlern je ein Ende? Es gibt keine Sicherheiten, keinen Ausweis des Könnens, den man aus der Tasche zieht und vorzeigt. Die unaufhörlichen Versuche, mich durchzusetzen, waren wie die kalten Duschen meines Vaters, eine Art Abhärtung, eine Schule, in der ich lernte, meinen Platz zu erkämpfen. Es waren auch Prüfungen meiner Ausdauer, meines Wollens und meines Talents. Ich wollte beweisen, daß der Beruf, den ich nicht selbst gewählt hatte, *mein* Beruf geworden war. Ich wollte dem Schicksal zeigen, daß ich so leicht zerbrechlich nicht sei. Es ging um nichts weniger, als meinen Eltern, meinen Klassenkameraden, meinen Freunden, Lehrern, meiner »Geliebten« und nicht zuletzt mir selbst zu beweisen, daß ich wert bin, gehört zu werden.

»Denkt Ihr, daß ich leichter zu spielen bin als eine Flöte? Nennt mich was für ein Instrument Ihr wollt, Ihr könnt mich zwar verstimmen, aber nicht auf mir spielen.« War es Hamlet oder Smoktunowsky, der ihn spielte und diese Sätze so sprach, als kämen sie aus mir und hätten nur darauf gewartet, formuliert zu werden.

Schamlos nahm ich mir den Hamlet-Film mit der Musik von Schostakowitsch als Spiegel meiner jugendlichen Lebenstragik. Smoktunowsky bestärkte als Hamlet mich in meinem Stolz und meinem Recht, *anders* zu sein, hin- und hergetrieben zu werden in einer Welt, die feindlich ist. War doch auch ich verliebt und fand die Erfüllung nicht; suchte doch auch ich meine Bestimmung und mußte mich durchsetzen gegen fremde und die eigenen Zweifel. Sein oder Nichtsein war auch meine Frage.

Im Jahre 1965 gewann ich beim regionalen Wettbewerb den zweiten Preis (der erste wurde nicht vergeben). Das Preisgeschenk, eine schillernd blau glasierte Vase, nahm ich oft in die Hand – der Erfolg war faßbar. Die Vase wärmte mich. Die Hoffnung, eines Tages »Erster« zu werden, gab ich nicht auf.

Erst später werde ich begreifen, daß es in der Kunst keine »Siege« geben kann, keine Olympiade, wo es um den »Ersten« geht, daß »bekannt sein« in der Welt der Musik oft auch »billig« ist.

Entscheidung

»Der Tod des Handlungsreisenden«, das Theaterstück von Arthur Miller, hat mich einfach fertiggemacht. Es war ein Gastspiel des Leningrader Puschkin-Theaters. Ich habe es nicht als Zuschauer gesehen, sondern als unmittelbarer Teilnehmer an einer Lebenstragödie. Die Verzweiflung, Trauer und Hoffnungslosigkeit des Handlungsreisenden riefen mir die Bilder vom Tod der Frau im Hof ins Gedächtnis und das Gefühl vom Nichtsein.

Schon als Kind hörte ich den Großvater, der während der Evakuierung am Theater in Moskau gearbeitet hatte, viel über Schauspieler, Stücke und Regisseure, die er kannte, reden. Ab und zu ging die ganze Familie ins Theater, es war mir also nicht fremd.

Kurz vor dem Abitur überfiel mich aber plötzlich eine regelrechte Theaterbesessenheit. Das nahm seinen Anfang im Sommer 1963 mit einem vierwöchigen Gastspiel des Vachtangov-Theaters aus Moskau. »Der Idiot« von Dostojewski, von Gozzi die »Prinzessin Turandot« und die »Irkutsker Geschichte« von Arbuzow wurden gegeben. Die Schauspieler in den

Aufführungen zogen mich völlig in ihren Bann. Yulia
Borisova verkörperte für mich den Inbegriff emotionalen Ausdrucks auf der Bühne. In »Der Idiot«
hypnotisierte sie mich geradezu mit der wider-
sprüchlichen Gestalt der Nastassja Filippowna. Ich
konnte nicht anders, als mich in sie zu verlieben. Was
das Objekt meiner Verliebtheit war, die Schauspielerin, die Rolle oder die Frau, konnte ich nicht so genau
unterscheiden. Ihre emotionale und charakterliche
Ausstrahlung erlebte ich jedenfalls als durch und
durch ehrlich.

Ich habe während dieser Zeit oft und gerne in dem
bescheidenen Musikensemble des Vachtangov-
Theaters mitgespielt, nicht nur als Geiger, die Partitur sah auch Kammblasen für mich vor. Diesen
»Dienst« hatten mir meine Eltern besorgt. Wenn ich
nichts zu tun hatte, stand ich mit Vorliebe in den
Kulissen. Beobachtend und bewundernd genoß ich
das Hinter-der-Bühne. Da spielte sich Theater im
Theater ab. Textstellen und Requisiten wurden vergessen, Repliken improvisiert, Streitereien ausgetra-
gen. Eine Welt für sich, die mich unwiderstehlich
anzog.

Ich ging zu den Schauspielproben, und in der
Bibliothek besorgte ich mir Bücher über die Schau-
spielkunst und Schauspieler, las Stanislawskis »Die
Arbeit des Schauspielers an der Rolle« und lernte
Textpassagen auswendig. Dabei merkte ich, daß ich
gewisse Schwierigkeiten hatte, einen Text zu behalten, was aber, wie auch mein Sprachfehler, den

Gedanken an einen möglich-unmöglichen Berufswechsel nicht im Keim erstickte.

Noch einmal wollte ich der Geige entfliehen, aber die Hindernisse lagen auf der Hand: fehlerhafte Aussprache, mangelndes Textgedächtnis, bescheidene schauspielerische Talente. Konnte ich hoffen, daß mich irgendeine Theaterschule ernst nehmen würde?

Auch im »Russischen Drama Theater« von Riga bekam ich einige Male die Gelegenheit, im Orchester mitzuspielen. »Cyrano« und die dramatisch inszenierte »West-Side-Story«, in der sich teilweise die Musik im Orchestergraben mit dem zugespielten amerikanischen Originalton abwechselte, waren die Höhepunkte meiner praktischen »Theaterkarriere«. Mein Freund Arkadij und ich bewältigten fleißig für fünf Rubel die vielen schwierigen Stellen in einem Orchester, das ganz fürchterlich klang. Dafür waren wir aber der Bühne nah. Wenn das Licht ausging, begann für mich die Alchimie des Theaters.

In Leningrad stand ich abends oft vor dem Gorki-Theater. »Haben Sie eine Karte? Haben Sie eine Karte? Haben Sie eine Karte?« Mit monotoner Stimme höre ich mich diesen Satz wiederholen, der damals zum alltäglichen Repertoire meiner Theaterbesessenheit gehörte.

Später in Moskau erlebte ich Sir Laurence Olivier. Wenn er in der Rolle des Othello sich seiner verletzten Gefühle bewußt wurde, kippte seine Stimme um in eine Art Hundejaulen. Mich schauderte, als er Desdemona aus Liebe und Verzweiflung erwürgte, während er sie umarmte.

Ich sah im Theater einen Othello, der nicht mehr in das vorgegebene Denkraster der Schule vom positiven und vom negativen Helden paßte. Ich sah Othello nicht nur nobel fühlend, gut, nicht nur als Opfer von Intrigen und der eigenen Eifersucht, ich sah ihn auch unbeholfen und im eigenen Stolz verstrickt. »Sprecht von einem, der nicht klug, sondern allzu sehr liebte.«

Und mehr noch bestätigte Jago meine Zweifel am Gut-Böse-Schema offizieller Denkart. Der Jago im Theater war nicht der gehörnte Böse. Er war freundlich, gesellig, vermittelte Vertrauen, ließ hier und da ein Wort fallen, das irritieren konnte, aber nicht mußte. Ich kannte ihn. Er war der Durchschnittsmensch um uns herum. Unser Leben war von genau diesen Nichtigkeiten, Zufälligkeiten, verschlüsselten oder inszenierten scheinbaren Unabsichtlichkeiten geprägt. Das Gewöhnliche, das Alltägliche, der Jago als graue Eminenz in allen und allem war das Teuflische.

Ich konnte »Othello« damals nur über die Töne und die Gesten verstehen. Das Stück wurde auf Englisch gegeben, und das habe ich erst sehr viel später gelernt.

Wenn ich schon nicht Schauspieler werden kann, dachte ich, dann abonniere ich wenigstens die Film- und Theaterzeitschriften und werde Kritiker oder Regisseur. Naiv, aber entschlossen versuchte ich, erste Kritiken zu schreiben. Gleichzeitig aber verlangte die Geige immer mehr Zeit. Um meine Liebe zum Theater nicht zu verraten, entschloß ich mich, zuerst das Violinspiel bis an die Grenze meiner Möglichkeiten zu meistern und meine Theaterwünsche in die Zukunft zu vertagen.

»Nach Moskau, nach Moskau, nach Moskau...!« hörte ich im Theater. Tschechow legt es den »Drei Schwestern« in den Mund, die nostalgisch verzweifelt dem Stillstand einer dekadenten Gesellschaft zu entfliehen suchen. Gefangen in ihren eigenen Strukturen, bleibt es im Stück ein Wunsch.

»Nach Moskau, nach Moskau, nach Moskau...« klang es in mir nach bestandenem Abitur in Riga. Es gab nur Moskau für mich. In Moskau würde *es* passieren, und »es« war alles: die Musik, die Geige, meine Töne, die Liebe und auch mein aufgeschobener Theatertraum.

Mit Ungeduld erwartete ich den Tag der Abreise. Meine Mutter begleitete mich zum Bahnhof. Ich stand am Abteilfenster, als der Zug anfuhr. Meine Mutter lief noch ein paar Schritte mit und winkte mir nach. Sie hatte Tränen in den Augen, und ihre Lippen zitterten.

Der Zug nach Moskau fährt am Gefängnis von Riga

vorbei. Manchmal hatte ich dort Häftlinge gesehen, die aus den vergitterten Fenstern winkten. Freiheit, dachte ich, und hatte ein Gefühl aus Sehnsucht und Freude. Der Abschied von Riga war auch der Abschied von der Kindheit.

Ich sah noch lange aus dem Fenster. Draußen flammten die Bäume in der blauen Herbstsonne.

Ich wußte noch nicht, daß in Moskau die Realität meinen Traum von der Bühne verdrängen würde — man kann aber auch sagen, verwirklichen sollte, nur eben anders, als ich ihn ursprünglich geträumt hatte.

Nachschrift

Einige Jahrzehnte später: Ein herbstlicher Tag in Paris, morgens um acht. Eilende Menschen auf den Boulevards. Ich sitze im Taxi. Der Fahrer bremst abrupt vor dem Rotlicht an der Kreuzung Avenue des Ternes und Avenue Niel.

Eine Frau zieht am langgestreckten Arm einen etwa achtjährigen Jungen hinter sich her. Der Junge trägt einen Geigenkasten. Ich höre nicht, was die Mutter sagt, ich sehe es. Die Mutter ist in Eile und nervös. Der kleine Junge nicht. Er schaut sich um, alles scheint ihm interessanter zu sein als das Ziel seiner Mutter.

A. sitzt neben mir, morgendlich in sich verwoben und verträumt. Ich lege den Arm um sie und deute auf die Szene vor uns. »Schau, da!«, sage ich, »da ist der Gidon, von dem ich dir erzählt habe.«

Дорогой папочка!

Извини пожалуйста. Но я сзади часы не трогал только 2 недели назад, а вчера я трогал стрелки. Извини я обещаю 1000 раз так больше не крутить и не трогать часы. И икогда я не буду брать. Извини. Я буду к маме относится хорошо, только чтобы мама тоже была-бы всегда в дружбе со мной а завтра я хочу остатся дома уроки я сделал. И буду заниматься. Тогда пожалуйста буди меня. 8³⁰, а если я не остаю уб 7¹⁵. Буду всегда на занятиях быть серьёзны. И зря не болтать. И не грубить маме. Извини ещё раз. твой Гидон. 1/II 57

»... die verzweifelten Briefzettelchen, die ich vor dem Zubettgehen schrieb«

Lieber Vati,
Bitte entschuldige. Ich habe aber die Uhr *von hinten nicht angefaßt* seit 2 Wochen, aber gestern habe ich die *Zeiger bewegt. Verzeihe. Ich verspreche 1000 Male, sie nicht mehr zu drehen und die Uhr nicht anzufassen. Ich werde nie mehr lügen.* Verzeihe. Ich werde mich gut zur Mutter verhalten, damit die Mami auch immer mit mir in Freundschaft ist. Morgen aber will ich *zuhause bleiben,* die *Aufgaben* habe ich *gemacht* und ich *werde üben.* Dann weck mich bitte um 8.30 Uhr, wenn ich aber nicht bleiben soll um 7.15 Uhr.
Ich werde beim Unterricht immer ernst sein, nicht umsonst plappern und der Mutter gegenüber nicht grob. Verzeihe nochmals. Dein Gidon
2. 1. 57

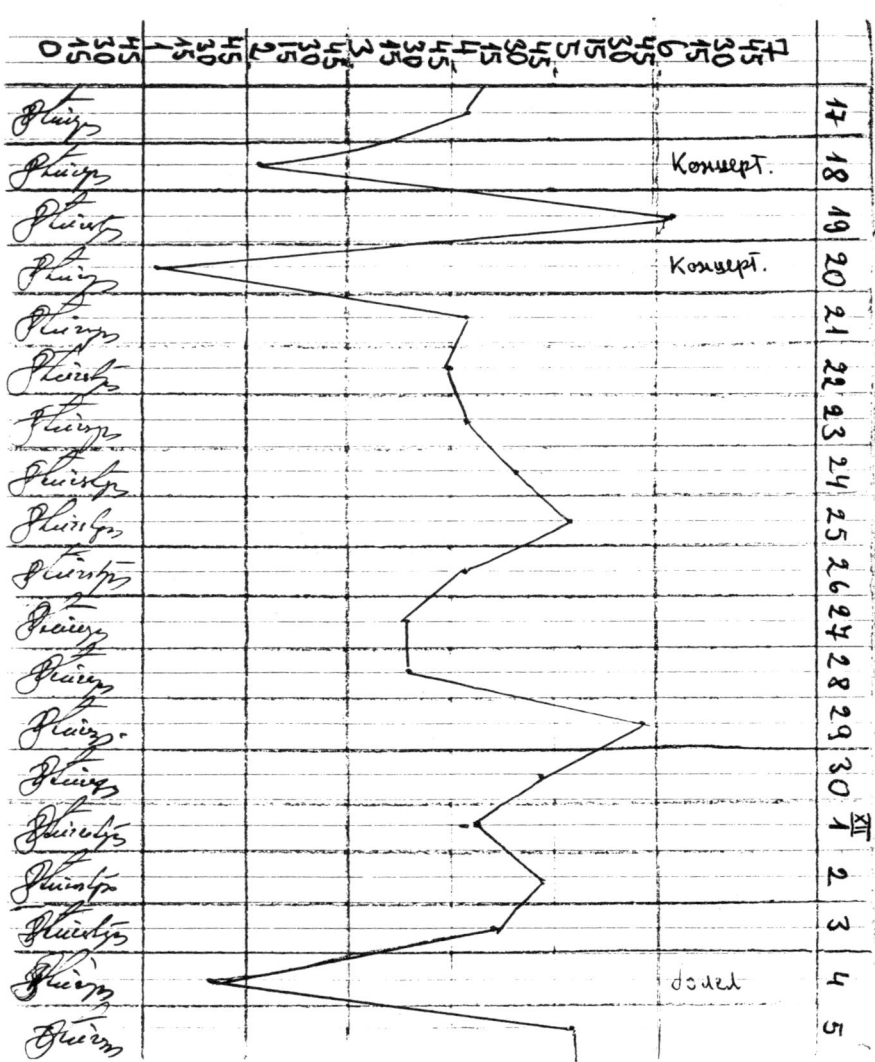

»Ich mußte alles registrieren« – Übekurve des Geigen-
schülers.

»Eine Auszeichnungsurkunde mit den Porträts von Lenin und Stalin« – Gramota der Schule, 1956

»… nach Moskau …«

Damals

Tagebuchauszüge 1959–1965

25. Dezember 1959
Heute fange ich an, mein Tagebuch zu schreiben,
welches ich gestern von meiner lieben Omi zu Weih-
nachten bekommen habe. Ich hoffe, daß es mir viel
Freude in der Zukunft machen wird.
Mit Mami wegen des Übens gestritten, ich wollte
nämlich zur Omi gehen. Es war von mir nicht sehr
schön gewesen, was ich leider immer zu spät ein-
sehe.

4. Januar 1960
Ich habe fünfeinhalb Stunden mit Papa geübt.
Abends ging ich mit Omi in die Oper zum »Masken-
ball« von Verdi. Es war ganz gut, aber nicht so, wie
wir erwartet haben. Die Musik war nicht besonders.
Mir haben »Carmen« und »Hoffmanns Erzäh-
lungen« besser gefallen.

5. Januar
Soja wollte nicht mit mir tanzen, hat über mich
immer gelacht. Ich weiß gar nicht, was ich machen
soll. Die Zeit wird schon alles beweisen. Vielleicht
ist es auch nur eine Kinderliebe, aber kaum...

8. Januar
Heute hatte ich Geigenstunde. Stūresteps hat es sehr
gut gefallen, wie ich »Carmen«* spiele.

---

* Carmen-Fantasie von Pablo Sarasate.

12. Januar
Erste 2 in Algebra*. Skandal zu Hause...
  Die Mädchen der Klasse können mich nicht leiden...

Gestern war ich mit Papa und Mama in dem Film »Moderne Zeiten« von Chaplin. Es war sehr lustig.

In dieser Zeit haben sich alle gezankt, und Papa hat – selbst im Falle einer solchen Möglichkeit – abgesagt, nach Deutschland zu gehen.

11. März
Am 24. Februar war ich bei Soja zum Geburtstag, und wir haben sehr nett gesprochen. Sie liebt einen Jungen aus Leningrad, und wir können nur gute Freunde sein. Das wäre sehr gut. Eigentlich ist es auch gut, daß ich mich ein bißchen getrennt habe, denn sie hat einen sehr schlechten Charakter.

27. März
In der letzten Zeit gehe ich öfter zu Omi und Opa, denn sie haben endlich einen Televisor gekauft. Uns allen bringt er viel Freude.

13. April
Bin bei einer Blutanalyse in Ohnmacht gefallen.

Mama und Papa sind ab halb fünf Uhr morgens

---

* Die russische Note 2 entspricht einer deutschen 4. Die beste russische Note ist 5.

144

für Karten von Isaac Sterns Konzerte angestan-
den.

Habe endlich den Brief an Cliburn weggeschickt.

10. Mai
Konzert in Vilnius. *Ich war sehr aufgeregt. Die Melo-
die (Tschaikowski) ging sehr gut, aber die Polo-
naise (Wieniawski) könnte ich ein bißchen besser
spielen. Meine Hände aber haben sehr geschwitzt...*

17. Juni
*Am 3. 6. ist mir mein Geigenexamen gelungen. Ich
habe mein Programm (Bachs E-Dur-Konzert, Gliers
Romance und Sarasates Carmen-Fantasie) so gut
gespielt, daß der Kommission nichts anderes übrig
blieb, als mir eine 5+ zu geben. Smilga, der seinen
Sohn zum Examen brachte, mit dem er »Furor«
machen wollte, war ganz runtergeschlagen, aber
hat nicht den »Mut« verloren, Mama zu sagen: »Was
quälen Sie Ihren Sohn so? Er übt wahrscheinlich
sechs, sieben Stunden täglich« und: »Was geben Sie
ihm so schwere Sachen?« Nur, ein Vogel macht noch
keinen Frühling, so wie ein neidischer Mensch einem die Laune nicht verdirbt, wenn alle anderen
loben.*

*Stūresteps war außergewöhnlich froh. Und am
nächsten Tag, als wir ihm Blumen gebracht haben,
hat er mich geküßt.*

7. Juli

Die letzte Zeit war auch Soja mal hier. Sie wollte sehr mein Tagebuch lesen, aber ich habe es ihr nicht gegeben. Sie ist gar nicht netter geworden und ist sehr eklig zu mir.

19. August

Pikaisen hat erzählt, wie er seinen Sohn* unterrichtet hat, und Papa hat vieles richtig gefunden! Ich bin aber nicht einverstanden, daß man »mit einem Riemen« lernen muß. Der Sohn von Pikaisen war seinem Vater auch »sehr dankbar«, er hat drei Jahre nicht mit ihm gesprochen. Ich finde auch, daß Opa und Pikaisen nicht recht haben, wenn sie sagen, daß man spielen muß, bis die Sachen ganz fertig sind. Papa findet das auch.

Die letzte Zeit übe ich oft mit Papa. Wir streiten uns oft. Warum, weiß ich nicht. Beim Üben muß ich immer schweigen und darf keine Mienen machen, aber manchmal hat er unrecht, und wenn ich das sage, wird er wild und böse. Das Üben mit ihm ist sehr schwer, aber bringt auch viel Nutzen.

30. August

Wir sind mit Omi und Opa nach Majori gefahren, von wo wir eine Dampferfahrt nach Riga gemacht haben. Ich hatte meinen Photoapparat mit und habe viele Aufnahmen gemacht.

---

* Viktor Pikaisen, Oistrach-Schüler, bekannter sowjetischer Geiger.

146

Übermorgen wieder in die Schule. Schrecklich
und schön.

16. Oktober

Schrecklich, wie die Zeit läuft. Schon ein Monat
vorüber, und ich habe viel zu schreiben und so
wenig Zeit.

Am 30. 10. soll ich in Ventspils und am 12. 11. in
Vilnius spielen. Ura! Soll nur alles klappen. Ich
möchte sehr die »Carmen-Fantasie« spielen und
werde versuchen, es so gut zu machen, daß Stūresteps mir erlaubt, sie zu spielen.

31. Oktober

Das Üben mit Papa ist schrecklich schwer. Er ist so
nervös... sagt immer: »Wieviel du mir Gesundheit
und Nerven kostest.« Das ist vielleicht wahr, aber
mich kostet es bestimmt nicht weniger.

5. November

Endlich sind die Ferien da. Gestern hatten wir
schon keine Schule. Im Zeugnis habe ich acht 4 und
zwölf 5.

Mit Mama und Papa habe ich mich zerkracht,
weil sie immer unzufrieden sind und was zu meinen haben. Mama liegt heute schon den dritten Tag
mit Kopfweh. Schrecklich! Papa hat auch nur seine
Diätkur im Kopf. Ich kann nicht leiden, wenn man
etwas übertreibt. Er ißt jetzt beinahe nichts mehr.

10. November

Den 7. 11. haben wir bei Marina Pudowskaja* gefeiert. Den ganzen Abend haben wir getanzt, 3 ½ Stunden. Ganna* wollte mit mir nicht tanzen. Sie lachte immer und stellte die Hand so, daß ich auf 1 km Entfernung von ihr war. Schweinerei! Weiß sie wirklich nicht, wie man tanzt. Nun, das ist nicht so wichtig.

14. November

Papa hat heute schon geschimpft, daß ich in Vilnius »Carmen« spiele. Er möchte, daß ich leichte Stücke spielen soll, um den Ton zu entwickeln. Papa sagt, die Technik kann man leider nur bis zum 16. Lebensjahr erlernen. Aber mit leichten Stücken will ich nicht auftreten, noch dazu in Vilnius.

28. November

Reise nach Vilnius. Habe gut gespielt. Aber könnte noch besser. Nach »Carmen« hat man mich zweimal rausgerufen, wonach ich die »Caprice« gespielt habe. Ich habe einen Moment nicht gedacht und habe eine Stelle wiederholt, und Marina** mußte mich suchen, aber alles ging ziemlich gut zu Ende und hatte den größten Erfolg. Nach dem zweiten Stück hat man mich noch dreimal rausgerufen. Das letzte Mal, wo man im Takt geklatscht hat, kam ich

---

* Marina Pudowskaja und Ganna sind Klassenkameradinnen.
Der 7. November war in der ehemaligen Sowjetunion der Feiertag zu Ehren der »Großen sozialistischen Oktoberrevolution«.

** Marina Balter, Pianistin, meine damalige Klavierbegleiterin.

schon ohne Geige raus. Alle anderen haben auch sehr gut gespielt und hatten auch großen Erfolg. Alle haben mir sehr gratuliert, aber ich könnte noch besser spielen.

Vor zwei Stunden war David Oistrach im Konservatorium, er hat mit den Studenten das fünfte Mozart-Konzert gespielt und Bemerkungen gemacht. Das wurde alles auf Band aufgenommen. Sehr interessant.

29. November
Riga. Am Abend war ich noch im Konzert von Oistrach, der mir nicht besonders gefallen hat, weil er beinahe ohne »Salz« gespielt hat. Ich habe von ihm ein Autogramm bekommen.

14. Dezember
Ich liege schon anderthalb Wochen im Bett bei Omi mit Angina. Heute habe ich ein Buch über Menuhin bekommen. Sehr interessant.

Üben tue ich schon eine Woche nicht, und das beunruhigt mich, weil am 22. Januar Stüresteps' Abend* ist, und ich will doch das Paganini-Konzert spielen.

Mit Papa streite ich mich immer wieder. Er meint, daß ich für »Carmen« genug Zeit verloren(!) habe.

---

* In regelmäßigen Abständen stellten die einzelnen Klassen auf Konzert-Abenden in der Schule einem interessierten Publikum (Eltern, Freunde) den Stand ihrer musikalischen Arbeit vor.

Übrigens droht Papa, wenn ich nicht alles mache, wie er (!) es will, würden wir nächsten Sommer nicht nach Moskau fahren. Ich verstehe ja, daß er mir nur Gutes wünscht, aber das muß man ja auch zu machen verstehen. Aus den Büchern liest er auch nur, was ihm paßt (!). Zu streiten lohnt sich mit ihm nicht, denn er hat sowieso immer »recht«, und dann muß man auch noch kolossal starke Nerven haben, um seine ganzen Moralen zu hören.

Opa und er streiten sich wie zwei Hunde. Schade, daß ich von meinem Vater in solchen Wörtern schreiben muß, aber so ist es. Vielleicht habe ich nicht recht, weil ich noch ein »dummer Junge« bin, aber ich schreibe das mit dem Verstand, den ich habe.

Opa ist gegen Papa schlecht eingestellt und oft sehr ungerecht, und das kann ich nicht leiden. Man muß immer gerecht sein. Aber für Opa sind alle Idioten, auch ich bin für ihn alle zwei Minuten ein anderer (dummer Junge oder liebes, armes Kind). Papa hat auch recht, wenn er sagt, daß Opa manche »Splini« hat wie z. B., daß er seine Noten so schont und solche Angst darum hat, daß man ihn beinahe auf Knien bitten muß, um sie von ihm zu bekommen. Ich verstehe ja, daß er sie nicht besonders gerne hergeben will, weil die Noten bei uns ja so schrecklich aussehen. Aber so geizig, wie er in manchen Fällen zu seinem einzigen Enkel ist, ist ein bißchen viel.

Mama ist immer so aufgeregt, und ich habe oft

unrecht, wenn ich sie quäle, aber sonst ist sie sehr lieb. Das hat sie bestimmt von meinem lieben-lieben »darling« Omi, die alles tut, was sie nur kann. Wegen der Nerven bei Mama kann man nichts machen – so ist es halt in den Familien großer Künstler. Am liebsten ist aber Rex – unser Hund –, der nie Moral liest, nie ungerecht ist und nur in manchen Fällen aus Angst zittert, woran die Huligane vom Hof schuld sind (weil sie ihn mit Steinen beworfen haben). Sonst ist er aber bescheiden, und wenn er etwas will, gibt er immer das Pfötchen.

Ich liege also im Bett, und in der Langeweile habe ich angefangen, einen Aufsatz über Moskau zu schreiben, in so einem Stil, den man hier braucht.

30. Dezember
Soja war wieder so eklig zu mir. Ich schrieb ihr einen Brief, in dem ich um ihre Freundschaft bat.

9. Januar 1961
Gestern war Konzert von Waldis Girski.* Alle lobten. Ich werde wahrscheinlich wegen meiner »Nase«** nie in der Schule ein Konzert geben dürfen. Wenn ich es trotzdem will, muß ich so gut sein, daß sie nichts machen können, und das will ich schrecklich. Dafür muß man aber viel Geduld haben, was mir ein bißchen fehlt. Ich will oft üben und dann, nach ein paar Stunden, denke ich, es ist

---

* Waldis Girski, ein Schulkamerad.
** mit »Nase« ist die Abstammung gemeint.

genug. *So darf es aber nicht sein. Heute habe ich schon mehr als fünf Stunden geübt und möchte noch weiter üben, um zu zeigen, was ich kann. (Sieben Stunden kamen raus.)*

20. Januar
Wenn ich auch mit Soja zerstritten war, jetzt bin ich wieder ihr Freund. Leider wahrscheinlich nur auf eine Zeit, bis ihr das überdrüssig wird. Mir fällt es sehr schwer, mich von ihr abzuwenden, aber ich denke, daß es doch mal sein muß. Sie ist ein sehr nettes und hübsches Mädchen, aber hat einen schrecklichen Charakter.

21. Februar
Mit Papa war wieder ein Skandal, weil ich meine »Klappe« nicht halten kann.

7. März
Feliks erster Auftritt ging gut. Am meisten Erfolg habe ich gehabt.

16. April
Jede Woche ein anderes Repertoire. Das gefällt mir sehr.

17. Mai
Nun fing die »schönste« Zeit an – Examen. Die größte Tragödie natürlich bei Mami.

20. Mai
Mein erster Concours war erfolgreich. Bekam den

zweiten Platz. Natürlich hätte man mir auch den ersten geben können, aber Natascha* spielte Tschaikowski und ist eben »Kader«. Den ersten Platz unter den größeren bekam Felik. Er spielte ausgezeichnet Paganini (technisch vielleicht besser als ich, aber musikalisch kaum).

Am nächsten Tag mußten wir im Radio einspielen. Es war nicht ganz auf der Höhe bei mir, da mich im Radio verschiedenes verwirrt (man darf nicht schaukeln! usw.)

23. Mai
Die von mir eingespielten Stücke wurden im Radio übertragen. Nicht zufrieden mit mir.

25. Mai
Am 17. Mai beendete ich die 7. Klasse.

Als wir im April in Ventspils waren, schlug man uns vor, in einem Konzert des dortigen Orchesters mitzuspielen. Das Orchester ist »kolossal«: ein erster Geiger (alter Mann), drei zweite usw.

Felik saß als zweiter Konzertmeister beim ersten Geiger, ich mit Sascha am zweiten Pult. Das Programm bestand aus zwei Haydn-Symphonien und fünf lettischen Werken. Der Saal war voll mit 50 Menschen!!!

Für dieses Konzert bekamen wir alle den ersten Verdienst, und zwar nicht wenig im neuen Geld: 11 Rubel (!). Die Fahrt bezahlte man uns noch extra.

---

* Natascha Timofejewa, Klassenkameradin, Geigerin.

28. Mai

Ich habe jeden Tag Konsultationen in Russisch, und doch war ich auf dem Konzert von »Virtuosi di Roma«. Ausgezeichnet! Papa war auch da und machte mich mit ein paar Musikern bekannt. Einem (Franco Gulli) erzählte Papa, was ich spiele, und der lud mich zu sich am nächsten Tag ein. Bin von einer Konsultation weg zu dem Italiener. (Ich sagte, ich muß auf eine Probe.) Den Italienern spielte ich vor. Die waren ganz »paff«.

Nun steht noch das schwerste Examen – russisch mündlich – bevor. Man muß zwei dicke Bücher auswendig lernen. Schlafen gehe ich erst um zwölf Uhr nachts.

8. – 14. Juni

Ich übe mein Programm zum ersten Mal allein.

15. Juni

Die 5 in der Tasche. Zwei Examen auf einmal erledigt. Alle zu Hause froh. Auch bewiesen, daß ich allein üben kann. Ich habe nur eine 3 im Zeugnis – Sport.

27. September

In der Zeit der Sommerferien habe ich viel ausgeruht, da Papa und Mami arbeiteten und ich mit Omi und Opa alleine auf der Datscha war.

Wenn so etwas doch öfters sein könnte (Luft, Freiheit)!

17. November

Ich habe meinen Willen wegen der Bach-Chaconne durchgesetzt, und Montag spiele ich sie in der Schule vor, und zwar auf Opas Guadagnini! Opa ist in der letzten Zeit sehr nett zu mir. Nur manchmal donnert es wieder. Werde meine ganze Mühe dazulegen, daß ich gut spiele.

Die beste Neuigkeit ist, daß ich die Speisekammer als Zimmer eingerichtet bekommen habe! Mama hat sich sehr bemüht und auch sehr viel Geld dafür ausgegeben. Das Zimmer ist wunderbar. Mit Papa übe ich nicht mehr.

8. Dezember

Am 26. 11. war das Konzert von Stūresteps' Klasse, wo ich auf Opas Geige die Chaconne und Paganinis Campanella spielte und den größten Erfolg hatte.

Ljuda ist ein sehr nettes Mädchen, aber ich weiß nicht, warum mich alle Mädchen nicht gerne haben. Mit Felik bin ich nicht mehr so dicht. Er nahm alles Geld aus unserer Sparkasse für Schuhe (!).

30. Dezember

Noch eine Neuigkeit: Am 23. 12. war Waimans Konzert. Ich sprach mit ihm, spielte ihm vor (Campanella und Chaconne). Er war sehr zufrieden, und wir verabredeten uns für Leningrad.

1. Januar 1962

Ich bin das erste Mal mit dem Flugzeug nach Lenin-

grad gereist. Aber leider war es nicht so gut, wie ich dachte. Im Flugzeug gab es bei mir »Friedrich heraus«. Habe beschlossen, möglichst wenig zu fliegen in meinem Leben. Wollen wir sehen, wie das zu erfüllen sein wird.

4. Januar
Russisches Museum. Mir hat es sehr gefallen, besonders Repin…

5. Januar
Eremitage. Ich lief herum – sie ist so groß, konnte mir nichts richtig angucken. Dann traf ich eine deutsche Delegation und ging mit: Tizian, Raffael, Rembrandt, Leonardo, Picasso, Rodin… sah ich mit eigenen Augen, unglaublich.

3. März
Am Mittag mußte ich Papa vorspielen. Er hatte einen Haufen zu meinen, aber weniger an meinem Spiel, sondern an meinem Verhältnis zu ihm: Ich wolle klüger sein, wolle Amerika entdecken (»wieviele würden umkommen, wenn sie das gewollt hätten…«).

Fehler: Papa hat nicht recht, jeder muß ein Ziel haben im Leben, wenn es auch unerfüllbar zu sein scheint. Ich muß aber nicht so patzig sein.

Aufgaben: Klüger sein. Nicht so viele Dummheiten quatschen und sich nicht aufführen wie ein Kind!

11. März
Mir scheint, daß Papa nicht recht hat, wenn er mir

soviel über systematisches Arbeiten erzählt. Aber man muß verstehen, daß er es nicht nur sagt, um zu zeigen, daß er es weiß, sondern auch aus Liebe und Hilfsbereitschaft zu mir. Ich muß ein wenig weicher antworten und darf nicht vergessen, daß Papa älter ist.

Beim Mittagessen stand Papa auf und schaute sich Noten an. Ich sagte zweimal, daß wir jetzt essen. Da kam keine Antwort. Dann setzte ich mich auf das Sofa und schaute auch Noten an. Papa sagte, daß es vielleicht von ihm ungezogen war, aber von mir gemein. Er werde es nicht zulassen, daß die »Eier die Hühner lehren« werden. Ich sagte, daß aber die »Eier bei den Hühnern lernen«.

Aufgaben:

In der Schule nicht zu kindisch sein.

Mehr Pflichtgefühl haben beim Üben. Das Ziel haben, den Concours zu gewinnen.

Klüger mit den Lehrern sein.

Im Hause (auch Mami) nicht zu viel erzählen, da es durch sie auch zu Papa kommt.

Vielleicht hatte ich manchmal unrecht, aber ich habe mir fest vorgenommen, mit meinem Kind, wenn das mal überhaupt sein wird, nie so umzugehen.

24. April

Noch eine Sache. Mir scheint, ich habe mich in Ljuda verliebt. In den letzten Tagen gingen wir

157

spazieren und ins Kino, redeten über alles mögliche. Sie ist ein sehr nettes und kluges Mädchen, aber Felik geht auch mit ihr, und er sagte, daß sie sich schon »in der Liebe erklärt«* haben (glaube ich zwar nicht). Wieder kommt das Wort in mein Tagebuch, auch wenn es mir nicht lieb ist, weil ich fühle, daß ich für so was jetzt keine Zeit habe, aber wahrscheinlich ist es schon zu spät. Was soll ich machen? Meinen Freund möchte ich nicht stören, und selbst leiden ist schrecklich. Einfach diese Idee wegschmeißen kann ich auch nicht. Was meint Ljuda über mich? Ist das wirklich Liebe? Diese Fragen muß ich jetzt aufklären. Das Gefühl hilft mir aber sehr beim Musizieren.

3. Mai
Erste Tour vom Concours ist vorbei.

27. Mai
Am 8. war nun die zweite Tour. Ich spielte nicht so gut, wie ich gekonnt hätte, und nach Verhandlung der »kompetenten« Jury wurde ich aus dem weiteren Wettbewerb ausgeschlossen. Das war für mich zuerst ein großer Schlag, da ich besser gespielt habe als die anderen. Am ersten Tag war ich sehr unglücklich, da ich nie gedacht habe, daß so was passieren kann. Dann kam ich aber zu mir und begriff, daß es nicht lohnt, unglücklich zu sein und

---

* Wörtlich aus dem Russischen.

sich die Nerven zu verderben. Man muß, wenn man nicht durch die Tür gelassen wird, durchs Fenster kriechen. So beschloß ich, weiter und besser zu üben.

Für mich war der Concours eine gute Lehre, daß man erstens alle *Touren gut spielen muß (und stabil), um durchzukommen, und zweitens, daß Ungerechtigkeit in der Welt herrscht und man viel besser als die anderen spielen muß, um anerkannt zu werden.*

2. Juni
Ich habe Probleme, über die ich schreiben will: meine ewigen Streite mit Papa. In der letzten Zeit ist es unmöglich geworden, mit ihm zu sprechen. Warum? Diese Frage stelle ich mir oft. Ich übe jetzt meistens sieben bis acht Stunden pro Tag. Nach so einem Arbeitstag gehe ich noch ein wenig spazieren, zu Felik oder ins Kino. Wenn ich dann zwischen zehn und elf nach Hause komme, ist es schon ein großer Skandal. Ich verstehe auf einer Seite meine Eltern sehr gut, weil sie ihren eigenen Sohn beinahe nie sehen, aber schließlich übe ich doch den ganzen Tag und tanze nicht. Ich habe auch etwas Recht, mich zu unterhalten. – Außerdem ist es ein großer Skandal, daß ich nicht mehr mit Papa üben will. Papa ist sehr eingebildet und denkt, es gäbe keinen besseren Pädagogen als ihn. Ich hoffe, daß ich nie so eingebildet sein werde. Mit der ganzen Familie geht Papa um wie ein richtiger Sadist und Diktator.

Besonders leidet Mami darunter. An meiner schlechten Erziehung gibt er Omi und Opa die Schuld! Alle meine Freunde findet er nur Dummköpfe und Faulenzer. Er sieht nicht, daß ich nicht mehr sieben oder acht Jahre alt bin. Er weiß aber sehr gut, daß er bis zu meinem achtzehnten Jahr die offizielle Macht über mich hat. Die will er bis zum Ende ausnutzen, und das gefällt ihm.

Niemand in der Familie wollte Streit mit ihm haben, und alle gaben meistens nach. Das war ein großer Fehler von uns (!). Davon wurde Papa vielleicht so eingebildet. Jetzt ist er aber unmöglich geworden. Darum ist es besser, daß er bald versteht, daß man kein Holzstück ist, sondern auch eine Meinung und Rechte hat.

In der Wut spricht Papa so einen Quatsch zusammen: 1) Er wird mir verbieten, auf Opas Geige zu spielen. 2) Wenn nicht, wird er sie zerschlagen.

Man kann sich doch nicht so gehen lassen.

Noch eine Sorge quält mich – Ljuda. Ich habe mich scheint's wirklich verliebt, und wie dumm – sie ist doch achtzehn Jahre alt! Ich weiß gar nicht, was ich damit anfangen soll. Beim Spielen *wirkt es meistens gut (wenn sie zu mir gut war), aber wie oft ist es nicht so. Warum? Weil ich jung und vielleicht auch dumm bin? Im Leben möchte ich durch sie viel besser sein. Aber mir scheint, daß sie absolut neutral ist. Versteht sie überhaupt, daß ich in sie verliebt bin? Felik fragte sie, was für eine Meinung sie*

160

*über mich hat. Antwort: Ich sei zu aufdringlich!?
Jetzt bemühe ich mich schon, nicht so zu sein.*

*Manchmal denke ich: »Wie schön ist das Leben!« –
manchmal: »Warum ist das Leben so ungerecht?«
Aber mir scheint, meistens siegt das Gute. Und nach
einem Regen kommt die Sonne. So warte auch ich
auf meine Sonne in allen Problemen.*

6. Juni

*Vorgestern übte ich zwölf Stunden. Es war sehr
schwer, aber endlich erreichte ich Papas »Rekord«,
mit dem er mir immer beweisen wollte, wie fleißig er
war.*

12. Juli

*Also das Examen war gut, aber was war mit der von
allen versprochenen Moskau-Reise? – Wie schon so
oft, hat es auch diesmal einer auf den anderen
geschoben. Der Direktor sagte ab, Geld zu geben.
Wir hatten mit Mami schon früher beschlossen (wie
immer rochen wir, wie es kommen wird), daß dann
sie die Finanzen spendiert. Um 20.35 ging der Zug.
Ich fuhr weg von allem: Eltern, Haus, Schule, Ljuda
usw. Das war eine sehr schöne Reise.*

*Am 25. 6. fing der Concours an. Felik kam als
sechster dran. Er spielte ein wenig schlechter als
sonst und regte sich sehr darüber auf. Nach der
ersten Hälfte vom ersten Satz der ersten Partita von
Bach stand er ungefähr zehn Sekunden da und
konnte nicht anfangen. Aber dann ging alles ziem-*

lich gut. Dann kam Wieniawskis Caprice-Salta-rella. Felik stolperte ein paar Mal und... ging weg vom Podium. Das war schrecklich. Wie konnte er nur so was machen, wo man ihn geschickt hat und der Pädagoge so viel mit ihm gearbeitet hat. Ich hätte mir das bestimmt nie erlaubt. Aber Feliks Nerven hielten es nicht aus. Hätte er bis zu Ende gespielt, wäre er bestimmt in die zweite Tour ge-kommen und vielleicht auch weiter. Aber das pas-sierte nicht. Stūresteps war sehr niedergeschlagen und fuhr schon am 27. 6. weg.

Am 19. Juni fuhren wir (Felik, Ljuda und ich) an den Strand. Ich habe mit Ljuda gewettet, daß ich in dem kalten Wasser (12°) baden kann, und gewon-nen.

Es war ein sehr schöner Tag. Nur Felik war ein wenig eklig: Er wollte immer, daß ich ein paar Minuten aus dem Zimmer gehe, damit er mit Ljuda allein ist. Was ist zwischen den beiden?

Ich lerne jetzt wieder ein sehr großes Programm (Glasunov-Konzert, Bach-Fuge usw.). Ich will beim Concours »Prager Frühling« mitmachen. Vielleicht gelingt es mir diesmal. Hoffentlich.

Zu Hause sind die Verhältnisse besser. Ich übe ganz allein und streite viel weniger. Gott sei Dank.

8. August
Seitdem ich Ljuda nicht mehr sehe, ist es mir viel

leichter. Schließlich ist die ganze Geschichte ziemlich dumm.

12. August
Gestern ist der dritte Kosmonaut (Nikolajew) in den Kosmos geflogen. Jetzt sind den ganzen Tag Sendungen darüber. Man übertreibt alles, auch wenn es grandios ist.

20. August
Man muß bestimmt nicht alles so ernst nehmen, wie es bei mir manchmal ist.

17. September
Wir spielen Franck-Quintett. Was für eine schöne Musik!

Warum muß Papa immer Moralen predigen? Warum meint er, daß alles, was ich mache, dumm ist? Vielleicht verstehe ich noch wenig, aber ich muß doch selbst die Erfahrungen machen. Ich denke, daß man mit fünfzehn Jahren schon einen Kopf hat. Nur durch Moralen kann man aber auf keinen Fall einen Menschen erziehen. Das ist auch Omis Meinung, die Papa aber haßt, weil sie mich oft unterstützt.

Sonntag war ich mit Ljuda allein. Das war wunderbar. Ich liebe sie scheinbar doch. Warum ist sie aber schon achtzehn? Warum habe ich kein Glück?

Wir – Felik, Ljuda, Arkadij und ich (FLAG) –
haben beschlossen, uns in zehn Jahren zu treffen –
am 15. 9. 1972. Was wird dann sein? Wieviel
werde ich erreichen? Dafür muß ich viel üben und
weniger an Mädchen, Kino usw. denken…

24. Oktober
Leningrader Musikschüler zu Gast.
Hatte mit Ysaye-Sonate und Paganini-Caprice
Nr. 14 sehr großen Erfolg. Felik hat auch sehr gut
gespielt, aber nicht so gut wie ich. Sehr viel hat sich
in meinen Beziehungen zu Ljuda geändert. Wie
kommt das, daß sie auf einmal so gut zu mir hält?
Es passierte ungefähr nach dem Abend, wo ich so
gut spielte.

4. November
Ich fahre mit Felik und Ljuda nach Leningrad!!!

5. November
Wir treffen unsere Freunde, besuchen die Eremi-
tage, hören Waimans Klasse, sprechen mit ihm.

7. November
Ljuda erklärte mir, daß sie in Felik verliebt war, zu
mir aber nicht so steht, wie ich es mir wünsche. Ihre
Ehrlichkeit begeisterte mich.

22. November
Zu Hause sind die Wolken wieder ganz schwarz. Ich
halte mich jetzt an das Prinzip, kaum zu sprechen,

164

da meine Meinung sowieso falsch ist. Papa sagte
mal sogar so was wie: »Was ist mit dir? Du hast so
schlechte Stimmung? Vielleicht wirst du bald Va-
ter???!!!« Warum denken meine Eltern so schlecht
über mich?

Vorgestern hatten wir eine große Komsomolzen-
Sitzung wegen der 11. lettischen Klasse, die auf der
Reise nach Leningrad eine Amerikanerin traf und
ihr viele »Dummheiten« erzählte...*

3. Dezember
Am 25. 11. fand Stūresteps' Klassenabend statt. Ich
spielte die dritte Ysaye-Sonate und zehn Präludien
von Schostakowitsch, also meine »Glanzstücke«.
Felik die sechste Sonate von Ysaye und zwei sowjeti-
sche Stücke. Wer besser spielte, kann ich nicht
sagen. Manche sagten, ich, manche Felik. Beide
spielten wir aber sehr gut, zwar könnte ich von der
technischen Seite noch besser spielen und Felik von
der musikalischen. Wenn auch jeder von uns be-
stimmt besser spielen wollte als der andere, haben
wir uns vor dem Konzert oft vorgespielt, und jeder
hat dem anderen Bemerkungen gesagt und Rat-
schläge gegeben.

---

* Der Klasse wurde der Vorwurf gemacht, mit einer amerikanischen
Agentin Kontakt gehabt zu haben, die sich als Touristin ausgegeben hat.
Viele in der Klasse wurden bestraft, der Gerechteste unter ihnen der
Schule verwiesen.

4. Dezember

Im Zug fing der Streit mit Felik an. Er sprach sehr untaktvolle Sachen: »Wie sollst du auch deine Großmutter nicht lieben, wenn sie dir jeden Tag einen Rubel gibt.« (Das sagte er übrigens nicht zum ersten Mal.) Und: »Sein Vater hat Angst, daß er Alimente zahlen muß.« Wenn Papa auch so etwas gesagt hat, habe ich es Felik doch als Freund erzählt. Wozu muß er es so laut allen erzählen?

In den letzten Wochen bekam ich die Idee, die 10. Klasse in Leningrad zu machen. Diese Idee besprach ich mit Felik. Er war völlig meiner Meinung. Ich weiß, daß mir noch manche Sachen in der Technik fehlen, und das muß man früh machen. Ich will zu Waiman, den ich als Pädagogen sehr ehre und gesehen habe, wie er mit seinen (auch den schlechten) Schülern arbeitet.

In meiner Beziehung zu Papa hat sich beinahe nichts geändert. Ich spreche mit ihm so wenig wie möglich und lebe meistens nach meinem eigenen Kopf.

10. Dezember

Heute war ich auf einem Gedichtabend von Jewtuschenko. Es war wunderbar. Fragte Papa, ob er das Gedicht »Babij Jar« kennt? Antwort: »Bessere Bücher hast du nicht gefunden? Lies mal die schrecklichen Bücher über die KZ.« Das alles zu sagen, ohne wirklich die Literatur von heute zu kennen! Wie kann man überhaupt sich so wenig für die Zeit interessieren, so wenig mit ihr gehen? Er kritisiert nur alles und will damit beweisen, daß er klüger ist, weil er fünfzig Jahre älter ist.

14. Dezember
Ich lerne jetzt die Ravel-Sonate. Wunderbare Musik. Felik wird sie auch spielen. Möchte er zeigen, daß er besser als ich spielt?

Ich spielte Stüresteps heute das Glasunov-Konzert vor (auswendig). Ihm hat es gefallen, und er sagte, daß es zu 70% fertig ist. Das war alles. Das ist doch kein Pädagoge für mich. Darum will ich von der Schule so schnell wie möglich weg. Ich denke, nach Leningrad.

Mit Papa Streit gehabt. Man kann doch nicht verbieten, während der Musik ein paar Worte über sie zu sprechen.

Mit Felik bin ich nicht mehr so dicht, da er immer über mich lacht und über meine Beziehungen zu Ljuda. Er geht oft ohne mich irgendwohin, der Arbeitsplan existiert nicht mehr, Geld sammeln wir nicht mehr, im Duett will er meistens nicht proben usw. Ich möchte gerne wieder mit ihm in guten Beziehungen sein.

In der Schule habe ich mich mit dem Sportlehrer zerstritten, da ich manche Übungen nicht machen konnte und auch meine Hände nicht übermüden wollte. Er gab mir eine 2.

17. Dezember
Heute ist Mamis 40. Geburtstag. Sie ladet wieder alle Weiber aus dem Orchester ein. Es ist alles eine große Hetzerei und Aufregung.

Um 22.30 kam Felik zu mir. Wir guckten eine Fernsehsendung an. Felik will auch nach Leningrad gehen. Wir sprachen über alles. Es scheint, daß Waiman die beste Lösung ist. Jetzt hängt eigentlich alles nur von den Eltern ab.

Es ist ganz klar, daß Ljuda mir sehr gefällt, und wenn man schon mit großen Worten spricht, heißt das: »Ich liebe sie.«

Wie sind ihre Beziehungen zu mir? Warum findet sie, daß ich »zu leben eile«? Das ist mir noch nicht klar, aber ich meine, daß für all das, was ich für sie Gutes gemacht habe – das Geld nicht gezählt, was ich für sie ausgegeben habe –, keine richtige Freundschaftsbeziehung bekomme. Ich verstehe natürlich, daß man so was nicht kaufen kann, sondern verdienen muß. Was soll ich machen, um es zu verdienen? Ich möchte alles machen, was ich kann.

Hauptsache muß das Geigen bleiben. Man muß üben, wieviel in einen hineingeht, um wirklich ein Geiger zu werden.

Hier ein gutes Gedicht von Jewtuschenko.

С усмешкой о тебе иные судят:

«Ну кто же возражает – даровит,

Но молод, молод. Есть постарше люди,

Чего он все быстрее норовит?

Качают головами, сожалея:

«Да юность вечно – что поделать с ней?

– Казаться хочет лет своих взрослей…»

Ты слушай, но не слушайся. Взрослей!

Таланту, а не возрасту будь равен,

Пусть разница смущает иногда,

Ты не страшись быть молодым да ранним.

Быть молодым, да поздним – вот беда.

Пусть у иных число усмешек множишь,

А ты взрослей – не бойся их смешить.

Взрослей, пока взрослеть еще ты можешь,

Спеши, покуда есть куда спешить.*

Ich möchte jeden Abend, daß der nächste Tag besser sein wird. Wie selten gelingt das aber. Warum? Habe ich zuwenig Willenskraft?

Die letzten Gedanken sind auch wieder bei Ljuda. Verdient sie wirklich, daß ich soviel an sie denke?

---

* frei aus dem Russischen übertragen von GK:
Mit Lächeln wirst du oft beurteilt: / »Natürlich – wer ist dagegen? Begabt und wie! / Aber noch jung! Sehr jung! Warum muß er stets eilen?« / Da gibt's erwachsne Leute. Was ist des Jünglings Ziel? // Sie schaukeln mit den Köpfen und bezweifeln. / »Jaja, die Jugend! Was soll man da nur tun? / Schon ewig will sie wichtiger erscheinen. Gewiß. / Die Eier aber legt das Huhn!« // Höre zu, doch nicht gehörig, / Der Begabung, nicht dem Alter, sei gemäß! / Der Unterschied in Jahren ist kein Übel, / Und späte Jugend bringt wohl kaum Erlös. // Dein Handeln kann die Lachenden vermehren, / Darauf aber lasse dich nicht ein. / Hab Mut, erwachsener zu werden und / Eile, solange das Ziel dich lockt zu eil'n.

Man muß sich sehr zusammennehmen, daß keine Sekunde umsonst vergeht, man immer was macht und immer besser und klüger wird. So will ich, daß morgen, der 18. 12., ein Anfang einer neuen Zeit für mich werden soll.

18. Dezember
Nun ist auch der 18. Dezember vorüber, aber meine Versprechungen von gestern habe ich nicht ganz erfüllt und wieder wegen Ljuda. Weiß gar nicht, was zu machen. Ich stell mir das Leben ohne diese Spaziergänge und Gespräche sehr leer vor. Ich muß alles machen, um unsere Freundschaft zu retten. Aber ich darf mich auch nicht erniedrigen.

19. Dezember
In der Schule führte ich mich etwas dumm auf, aber dadurch war es lustiger.

23. Dezember
Mit Papa wieder offener Streit. Woran liegt das, bin ich wirklich so schrecklich eklig? Heute wollte er, daß ich am Abend schnellstens nach Hause komme. Felik, Arkadij und Ljuda waren bei mir, d. h. bei Omi. Ich wollte aber nicht mit denen zu uns kommen, da er immer so dummes Zeug spricht.

26. Dezember
Weihnachten ist vorbei. Am Abend telefonierte Felik. Er erzählte mir, daß er sich vor ein paar Tagen mit seinen Eltern bis drei Uhr nachts gestritten hat

wegen dem Plan, nach Leningrad zu gehen, weil es dort für ihn besser wäre zu lernen. Er will wirklich ein guter Geiger werden, und dafür findet er Waimans Unterricht am besten. Dasselbe Problem habe ich gestern mit Papa von elf bis ein Uhr nachts besprochen. Ich sagte vieles, was ich von Felik gehört hatte und was auch meine eigene Meinung ist. Und das Gespräch endete damit, daß ich wahrscheinlich fahren kann und ich mich schon auf die Schwierigkeiten des Internatslebens vorbereiten soll. Das Gespräch mit Papa war nicht so friedlich, wie ich es bis jetzt beschrieben habe. Am Anfang bekam ich erstmal eine Absage. (»Mit so wenig Klugheit kannst du noch nicht allein fahren.«)

27. Dezember
Ich hatte mit Felik ein großes Gespräch. Hauptbeschlüsse sind:

1. Unbedingt nach Leningrad zum Lernen fahren.

2. Bis dahin, einer dem anderen Stunden geben, damit beide besser spielen und ihre Fehler ausbessern.

3. Sich im Charakter zu erziehen (wegen meiner Beziehungen zu Ljuda), um wirklich alles dem Üben zu geben.

Beschluß war, daß Ljuda es nicht wert ist, daß man ihr so nachläuft und sich so erniedrigt.

6. Januar 1963
Wieder ist ein Tag der Ferien vorbei, und wieder habe ich schlechte Laune. Vielleicht lohnt es sich

nicht, aber es ist so. Man müßte den Stolz haben und sich nicht wegen sowas so gehen lassen. Darum will ich in mir auch das erziehen. Hauptsache üben.

Ich schreibe diese Zeilen und denke: »Das ist doch alles Blödsinn, manchmal kann man wirklich nicht das schreiben, was man denkt.«

8. Januar
Anderthalb Wochen sind seit der letzten Stunde vorüber, aber Fortschritte machte ich keine. Ich will natürlich in den Ferien auch ausruhen, aber das Üben war nicht ernst genug. Ich dachte dabei zu oft an andere Sachen und natürlich an Ljuda. Das muß ich mir abgewöhnen.

Ljuda erzählte mir unter anderem, daß sie mit Girski ins Theater ging. Ist das ein Zufall? Was ist zwischen denen? Ich habe sie mir eigentlich als beste Freundin gewünscht, habe vor ihr keine Geheimnisse, aber sie... leider nicht.

Ich sprach mit Ljuda darüber, ob Moskau zum Studium nicht besser wäre als Leningrad. Sie sagt, Waiman macht die Hände um. Ich besprach das mit Felik. Er ist der Meinung, wenn Waiman ihn überzeugen kann, daß mit seiner Handstellung kein guter Ton zu machen ist, wird er sie ummachen.

Ich finde es schade, daß ich mich soviel um Ljuda kümmere und so wenig von ihr bekomme. In diesem Fall muß man aber mit ihren Worten sagen: »Man darf sich nie leid tun.«

Es ist wahr, wenn man dem (anderen) Menschen was Gutes macht, soll man immer ein gutes Gefühl haben.

Wieder ein Streit mit Papa, er ist immer so böse, wenn ich am Abend nicht zu Hause bin. Ich begreife gut, daß ich »das einzige« bin, was er noch hat, aber leider bin ich der »einzige«, und deshalb werden alle Moralen auf mich geschoben, und ich muß alles aushalten. Trotz allem muß ich mir Mühe geben, meinen Eltern mehr Gutes zu machen.

Abends muß ich wahrscheinlich zu Hause sein, Papa hat Geburtstag.

9. Januar

Wir hörten alle bis elf Uhr Platten. Es war sehr interessant. Ich hörte die g-moll-Fuge von Bach sogar dreimal (Heifetz, Menuhin und Oistrach), und ich stellte fest, daß Oistrach am besten spielt!!!. Bei den zwei andern ist soviel »Gejaul« (Heifetz) oder schreckliches Kratzen (Menuhin) zu hören, und beide spielen sie nicht nach meinem Geschmack. Papa war zwar mit meiner Beurteilung einverstanden, aber dagegen, daß ich Heifetz und Menuhin kritisierte. »Gott gebe, daß du einmal so spielen wirst wie sie. Es gibt Menschen, die nichts können, aber die größten Künstler kritisieren.« (Zu den Idioten gehöre ich nicht, aber meine Meinung darf ich wohl äußern!)

11. Januar

Gestern war einer der besten Tage der Ferien. Grund: Ich übte ziemlich viel und gut.

Ich erklärte Arkadij, wie wichtig und nötig das Üben ist. Er ist ein guter Junge, aber die Faulheit hindert ihn. Man muß ihm eben helfen...

13. Januar

Die Ferien sind zu Ende... Schrecklich zu denken, daß morgen wieder diese schreckliche Arbeit anfängt. Aber so ist das Leben – immer nach was Gutem kommt was Schlechtes. Dabei kann ich gar nicht sagen, daß die Ferien so gut gewesen sind.

Warum kriege ich von Ljuda für meine Aufrichtigkeit so wenig Aufrichtigkeit von ihrer Seite? Womit habe ich das verdient? Ich verstehe, daß ich jünger bin. Vielleicht hält sie mich auch für viel dümmer. Aber doch will ich wenigstens von ihr 50% der freundlichen Gefühle, die ich zu ihr habe. Ich verstehe, daß man sie dazu nicht zwingen kann, auch nicht durch ewige Einladungen kaufen kann. Aber sie ist doch ein MENSCH und muß verstehen, wie oft ich leide. Ich muß natürlich weiter einen stärkeren Charakter in mir erziehen. Jetzt gerade, wo ich mich zum Pariser Concours vorbereiten will, darf mich das nicht stören. Wir bleiben gute Freunde. Ich wollte aber eine richtige Freundschaft.

Die letzten Tage verbrachte ich mit Felik und Arkadij. Wir übten mit Felik und sprachen mit ihm wegen dem Concours. Felik wird doch mitmachen.

174

Ich überredete ihn. Mami fand es schrecklich, sich noch einen Konkurrenten anzuschaffen, aber ich finde, wer besser spielen wird, der soll auch fahren. Stüresteps bemüht sich immer so um Felik. Manchmal meine ich wirklich, daß er besser spielt. Kann ich nicht so spielen? Die Zukunft wird es zeigen.

14. Januar

Was für ein gutes Gefühl hat man nach einem 6-Stunden-Arbeitstag. Das Gefühl, daß man fortgeschritten ist und gut gearbeitet hat! Es ist schon zwölf. Schularbeiten habe ich noch nicht gemacht, werde ich auch nicht mehr, denn »der Schlaf ist wichtiger« (sagt Mami).

16. Januar

Gestern hat man mich in Physik herausgerufen, ich bekam eine 2. Habe mir nichts daraus gemacht, ich habe ja gut geübt und werde mich in Physik bestimmt verbessern. Mami erzählte ich es gar nicht. Ljuda war nicht in der Schule.

18. Januar

Felik übt jetzt sehr gut.

Mami ist böse, sie wollte unbedingt wissen, wo ich war. Wozu? Muß man wirklich alles wissen?

19. Januar

In der Schule eine 3 in Geographie. Nicht schlimm.

*Ich ging noch mal in den Film »Die Tage der Liebe«.
Das sollte ich aber nicht machen, man muß doch
üben.*

Morgen hat Ljuda Konzert. Soll es ihr gutgehen.

21. Januar
*Der gestrige Tag war ziemlich gut, aber wegen nur
drei Stunden üben ein wenig verdorben. Am Abend
war ich im Konzert von Ljuda. Auch über Leningrad
hatten wir ein Gespräch. Hoffentlich wird Gutnikow sie nehmen. Ich riet ihr, vorher mit ihm zu
sprechen. Sie ist nicht allzu begabt.*

*Nach dem Konzert gingen wir zu Omi. Es war
sehr lustig. Um dreiviertel zwölf telefonierte Papa
und fragte, ob ich überhaupt kein Gewissen habe?
Ich sagte, daß ich wohl eins hätte. Um dreiviertel
eins, nachdem ich noch Ljuda nach Hause begleitet
hatte, kam ich nach Hause. Kolossaler Skandal mit
Papa. (»Gemeiner Kerl. Ich brauche nicht so einen
Sohn. Die letzte Gesundheit habe ich für dich aufgeopfert. Ich werde Maßnahmen treffen und mich
ganz anders zu dir verhalten, dann kannst du,
wenn du willst, zur Großmutter schlafen gehen.«)
Es knallten die Türen. Ich antwortete kein Wort!!!
Regte mich auch nicht besonders auf. Vielleicht
sollte ich mit Mami von zu Hause weggehen?*

*Felik spielt momentan doch besser als ich. Er ist in
allem viel sicherer und hat scheinbar eine größere
Technik der rechten Hand, vielleicht auch der lin-*

ken. Ich muß alles tun, damit bis Leningrad kein Unterschied mehr ist.

Für *Leningrad:*
1) *Waiman spielt ausgezeichnet.*
2) *Irgendwohin muß ich sowieso fahren – Waiman ist das beste. Tsyganow – nichts Besonderes. Oistrach – schablonenmäßig. Kogan – nervös.*
3) *Das Leben in Leningrad ist ruhiger.*
4) *Wechsel von zu Hause ins Internat (trotzdem ich davor am meisten Angst habe).*

Dagegen:
1) *Waiman ist oft abwesend. Und die Assistenten…??*
2) *Wahrscheinlich dürfen wir in keinen Konzerten spielen.*
3) *Die Handumstellung macht mir Sorgen.*
4) *Das Internatleben kann sehr schwer sein: Neue Kameraden, das Lernen schwieriger.*

Eigentlich gibt es drei Möglichkeiten: 1. Leningrad, 2. Moskau, 3. noch abwarten. Bis jetzt haben wir das erste beschlossen, da wir meinen, daß Waiman uns viel geben kann. Felik scheint mir zu überzeugt von sich zu sein. Vielleicht kann er es auch sein. Schließlich spielt er sehr gut.

Was wird mit Ljuda? Ich will sehr, daß sie in einer

Stadt mit mir ist, obwohl ich auch weiß, daß das kein Grund ist, um zu fahren oder nicht.

22. Januar
Ljuda sagte, daß sie mit mir sprechen muß. Ich wartete auf sie nach der Schule. Sie hatte ein Gespräch mit den Eltern, die einverstanden sind, daß sie in den Ferien nach Leningrad fährt, wenn Gutnikow da ist. Jetzt muß ich also alles machen, was in meinen Kräften ist, damit er sie hört.

23. Januar
Zu Hause ist der kalte Krieg zu Ende. Ich hatte ein Gespräch mit Papa. Mit Felik habe ich wieder geübt (Bach). Bei mir geht es noch schlecht. Er spielt jetzt alles viel besser. Also wieder üben.

25. Januar
Ich schicke heute den Brief an Gutnikow weg. Hoffentlich geht alles gut. Ich habe mein Ziel – die besten freundschaftlichen Beziehungen mit Ljuda – scheinbar erreicht. Was will ich denn noch? Mir genügt das nicht ganz, obschon es sehr schön ist. Wahrscheinlich doch mehr!!!

Üben – üben – üben mit Kopf. Warum hat aber Mama ewig was zu meinen? Übe ich wirklich immer so schlecht? Ich weiß, daß ich mich oft schlecht konzentrieren kann. Was soll ich tun?

1. Februar

Am 29. 1. lernten wir die Musiker der Dresdner Staatskapelle kennen. Das war so:

Um zwölf Uhr befreien wir uns von der Schule. Felik, Ljuda, Soja und ich gehen zur Universität. Dort sollen die Deutschen Probe haben. Wir sprechen mit ihnen, fragen, ob sie Saiten haben. Sie erzählen von ihrem Leben, wir auch. Ich erzähle von Opas Geige. Sie interessieren sich sehr. Wollen uns alle unbedingt hören.

Wir gehen in ein Plattengeschäft, und sie kaufen etwas. Die ganze Zeit schaute ich, ob man uns nicht verfolgt, aber ich merkte nichts. Ich machte den Dolmetscher.

Zum Konzert gehen wir wegen Karten- und Zeitmangel nicht. Aber nach dem Konzert treffen wir uns (Soja, Felik, Arkadij und ich) und gehen ins Hotel. Sie wollen mit uns sitzen. Wir gehen in die Halle rein, wollen aber nicht in das Restaurant gehen.

Schweinik kommt: »Was macht ihr hier – ihr müßt lernen – Marsch nach Hause, sonst telefoniere ich mit der Direktorin.« Wir versuchen es im »Astoria«. Es glückt uns. Wir trinken Tee und sprechen viel über Musik und Leben (Antisemitismus, Reisefreiheit usw.).

Am 30. Januar treffen wir unsere Bekannten im Hotel. Dann gehe ich mit ihnen zu mir nach Hause. Sie schauen meine (Opas) Geige an, ich spiele ihnen

179

vor, und sie hören eine Platte. (Sie sagen, daß der beste Geiger der UdSSR Oistrach und der Welt Szeryng ist.) Dann wieder im Hotel, wo Felik und die anderen auf uns warten. Wir spielen alle vor. Es ging ziemlich gut. Felik spielte wieder besser als ich (ein wenig). Jedenfalls sagten sie, er hätte mehr Naturtalent.

Nach dem guten Konzert ging es noch ins »Luna«, wo Arkadij einen Tisch bestellt hatte.

Aber das Lustigste fing am nächsten Tag an. Um vier Uhr ging ich zu Felik. Dort warteten auch Soja und Arkadij. Sie sagten, daß es große Unannehmlichkeiten geben wird. Als klar war, daß man nichts Schreckliches weiß, wurde es lustig. Ljuda war auch da. Sie wollte sich aus allem heraushalten. (»Warum habt ihr überhaupt gesagt, daß ich da war?«)

Stüresteps erklärte uns, daß man etwas dagegen hat, wenn wir im Hotel vorspielen usw. Er riet uns, wir sollten unsere Schuld anerkennen, und wenn wir alle am 1. 2. zum Direktor rausgerufen werden, zusammen sagen, daß es sich nicht wiederholen wird. Wir aber, Felik, Arkadij und ich, haben beschlossen, diese Provokation nicht zu schlucken. Wir verstanden, daß sie nicht so dumm sind, um nur das Vorspielen als Grund anzugeben. Sie werden bestimmt auch auf Politik machen. Das wollten wir ausnutzen. Mit einem Wort, wir sahen unsere Schuld nicht. Wir bereiteten alle Antworten vor, aber es kam viel ernster. In der Schule wurden wir

– jeder einzeln – zum Direktor (Witkowski) gerufen und ausgefragt.

W: Warum habt ihr Saiten genommen?

G: Weil es hier sehr schwer mit guten Saiten ist.

W: Weißt du nicht, daß die Saiten der UdSSR die besten sind?

G: Ich meine »Thomastik«, »Pirastro«.

W: Welche Saiten spielt denn Kogan?

G: Weiß ich nicht, aber Oistrach amerikanische.

Lielmanis (Vizedirektor): Was spracht ihr über Musik?

G: Sowjetschule, Geiger usw. Oistrach zählen sie zu den besten Geigern.

L: Außer Musik spracht ihr natürlich auch noch über was, oder?

G: Daß es hier sehr gut zu leben ist. Stipendium, alles ist immer da, es gibt zwar z. B. Mangel an Butter, aber das ist eine Kleinigkeit.

W: Was sagten sie darauf?

G: Daß es bei ihnen dasselbe ist.

W: Was habt ihr ihnen geschenkt?

G: Platten.

Es waren noch viele Fragen, die ich aber nicht mehr alle erinnern kann. Ich lauf zu Felik in die Klasse, lasse ihn herausrufen und erzähle ihm alles. Da kam Lielmanis dazu: ›Ihr habt ja Angst, also seid ihr schuld.‹ Felik: »Wir haben keine Angst, wir sind entsetzt.«

Felik wurde auch in ein politisches Gespräch hineingezogen, aber er zeigte sich verwundert: »Die

DDR ist doch unser Bruderstaat.« Er bat sogar um schriftliche Erlaubnis, auf dem Geburtstag seiner Urgroßmutter spielen zu dürfen. Er sagte, sie sollen ihn bitte nicht anschreien, und man schickte ihn raus. Sie hatten Felik gesagt, wir könnten auch zufällig die Schule von der schlechten Seite zeigen. Er sagte aber, sie sollen sich nicht aufregen, wir hätten es nur gut für die Schule gemacht.

Um halb zwölf waren wir alle fünf beim Direktor. Sojas Eltern waren auch da. Lielmanis: »Das ist doch eine politische Sache!!!« Sojas Vater: »Ich bin zwanzig Jahre Parteimann und werde besser wissen, was politisch ist und was nicht.« Soja weinte und entschuldigte sich; auch Ljuda bekannte sich schuldig, nur wir – Felik, Arkadij und ich – kämpften bis zuletzt. Finita la commedia: Wir haben gewonnen. Sie konnten nichts gegen uns machen. Keine Strafe!!!

Felik sagte, nach dem allem erkennt er keinen Pädagogen mehr an. Stūresteps: »Mich auch nicht?« F.: »Weiß ich nicht«.

Beschlüsse:

1. Diese ganze Geschichte war eine Provokation. Wenn es mit anderen passiert wäre, hätte man das nie so aufgeblasen.*

2. Wir (Felik, Arkadij und ich) haben alles gut

---

* Man hatte uns während des »Verhörs« auch unterstellt, als FLAG konspirative Absichten zu verfolgen.

ausgehalten, d.h. Felik hätte nicht so nervös sein sollen.

3. Stüresteps hat sich diplomatisch aufgeführt. Eklig ist er nie.

4. Soja zeigte sich von der schlechten Seite. Wozu diese frühe Entschuldigung? Panik!!!

5. Ljuda hatte einfach Angst.

6. Alle Pädagogen zeigten mir, daß sie Angst hatten, daß sie eklig und dumm sind, besonders Lielmanis.

Wir feierten den Sieg zu dritt im Café (Felik, Arkadij und ich).

2. Februar
Gestern ausgezeichnete Beziehungen zu Papa. Heute morgen aber wieder alles wie vorher: Am Abend soll ich immer möglichst früh zu Hause sein. Antwort: »Ich bin sechzehn Jahre und weiß alleine, was ich mir erlauben kann.«

6. Februar
Ich kam zu dem Schluß, daß es mit mir schrecklich ist. Es ist irgend ein Hexenkreis: Üben – Ljuda – Eltern. Wenn ich gut übe, gehe ich kaum zu Ljuda, oder das Treffen mit ihr ist schlecht; verbringe ich es gut, übe ich schlecht. Verbringe ich es schlecht, habe ich keine Lust zum Üben. Verbringe ich es schließlich gut und übe auch (das ist zwar sehr selten), dann kriege ich zu Hause einen Skandal. Das ist doch schrecklich. Wo ist der Ausweg?

8. Februar
*Der Abend war wieder wegen Ljuda kaputt. Ich
telefonierte, um mit ihr spazierenzugehen. Sie sagte
ab, da sie noch nicht geübt hat. Dann kam ich zu
Felik. Er telefonierte mit Ljuda und überredete sie,
zu ihm zu kommen (seine Eltern gingen weg). Warum war sie einverstanden? Sie war nicht besonders
gesprächig mit mir und nicht besonders nett. Ich
kann alles verzeihen, da ich sie wirklich gern habe.*

10. Februar
*Ich muß mich zwingen, alles aus dem Kopf zu
treiben, dabei darf ich nicht ihr Feind werden.
Morgen spiele ich mit Felik Prokofjews Doppelsonate. Kommt sie? Dann muß ich gut spielen.*

11. Februar
*Warum höre ich so wenig klassische Musik? Liebe
ich die Musik nicht genügend?*

24. Februar
Am 19. 2. starb ganz unerwartet Opa.

*Trotzdem konnte ich nicht darauf verzichten, mit
Ljuda (!), Soja und Arkadij ins Kino zu gehen (Film
über den Tschaikowski-Concours). Meine Ansicht:
Es ist sehr traurig, aber das Leben geht weiter, man
muß weiterleben, lieben, lernen. Natürlich bis zu
einer Grenze. Zu Hause konnte ich nicht sagen,
wohin ich ging.*

Am Sonnabend – Beerdigung. *Alle fünf waren wir
da. Ich spielte mit Felik den 3. Satz der Prokofjew-
Sonate. Wie schön, daß ich mich so von Opa verabschieden konnte und daß ich am Montag noch so
herzlich mit ihm gewesen war. Bei der Beerdigung
hatte ich starke Nerven – es lief keine einzige Träne
bei mir, aber am Abend hielt ich es nicht mehr aus...
Wir alle saßen bei Tisch. Felik war auch da. Auf
Opas Platz standen eine Kerze und ein Bild.*

28. Februar
*Gestern wurde ich sechzehn, wir feierten bei Ljuda.
   Ich versuchte zum ersten Mal in meinem Leben
Rum... Trinken werde ich nie!*

6. März
*Am 4. 3. spielte ich in der Schule. Am selben Tag
bekam die Schule einen Brief aus Dresden. Darüber
waren wir alle sehr froh. Ich telefonierte auch mit
Ljuda. Sie übte, war gesund und fragte, wie es mir
geht. So eine Kleinigkeit, und wie mich das freute.
Wenn sie das bloß verstehen könnte.
   Nun von gestern, von einem der schrecklichsten
Tage. Ich suchte Felik und fand ihn. Nach fünf
Minuten sagte er: Ljuda will dir das Geld zurückge-
ben, das du für sie in Cafés und überhaupt bezahlt
hast. Ich konnte nichts mehr sagen und bin wegge-
gangen.*

185

12. März
Heute las ich in einem Buch: »Frauen können lieben
oder hassen – etwas Mittleres gibt es nicht.«

14. März (0.15 Uhr)
Meine Beziehung zu Ljuda – *Ja, wieder!*
Ich bin in dieser Tinte drin und weiß wirklich
nicht mehr, wie wir zusammenkommen könnten,
obwohl ich es oft will. Wir haben oft über das Thema
»Leben« philosophiert. Ich weiß noch viel zu wenig
davon und rede oft in Schablonen daher. Ich fürchte
das besonders in Gesprächen mit ihr, da ich bei-
nahe nie etwas Richtiges zu erzählen habe. Aber
was heißt richtig? Mit einem Wort, das Problem ist,
ob wir Feinde oder Freunde sein werden. Oder kann
man so eine Frage nicht stellen? Das Leben wird es
zeigen, aber man muß üben, sein Leben zu leben!!!

15. März
Stūresteps übt mit mir beinahe gar nicht, sagt auch
kaum ein Wort nach den Proben. Mit Felik arbeitet
er viel mehr. Warum? Ich muß wohl richtig üben.

18. März (8.25 Uhr)
Von heute an will ich anders leben:
    Jede Minute ausnützen, sogar, wenn es nur zum
Vergnügen ist.
    Nicht trödeln.
    Versuchen, mehr zu üben, da der Concours vor
der Nase ist.

Mich etwas ruhiger aufzuführen, da »man die Nerven schonen muß« (sagt Mami).

18. April

Am Abend hat Felik in meiner Gegenwart ein Blumentopfpapier in der Schule angezündet. Am nächsten Tag hat man mich zu Witkowski gerufen, und alle Konzerte fielen für uns ins Wasser. Wir hätten die Schule anzünden (!) wollen, wurden wir beschuldigt, und man hätte uns beinahe aus der Schule geschmissen, aber zuletzt haben sie eine »Wohltat« gemacht und uns »nur« verboten, in den Konzerten zu spielen. Auch Moskau fiel ins Wasser.

»Navarra« werden Natascha und Ieva spielen. Das ist eine zu strenge Bestrafung. Stüresteps war ganz krank und erschüttert. Uns tat er auch leid.

Manchmal habe ich das Gefühl, daß mich niemand braucht, will auch nicht üben, aber muß!!!

23. April

Ich liebe Ljuda aber! Bin ich schuld?

28. April

Heute bekam ich meinen ersten Paß...

7. Mai

Ljuda fährt nicht nach Leningrad. Sie bleibt in Riga. Was mache ich jetzt?

9. Mai

Noch ein langes Gespräch mit Ljuda. Sie sagte

zuletzt die ganze Meinung über mich. Auch viel Schlechtes: Ich sei zu sehr von mir überzeugt, und mein ewiger Neid, daß ich irgendwo nicht spiele. Sie sagte auch, daß man über mich viel lacht und daß meine Einstellung, alle Menschen sind Schweine, nicht richtig ist, daß ich noch zu wenig vom Leben kenne, um sowas zu sagen. Sie riet mir trotz allem wegzufahren. Sie erklärte mir, daß sie oft nicht mit mir gegangen wäre, weil sie ein freundschaftliches Verhältnis nicht zu einem intimen machen wollte. Gestern hat sie mir auch die sechs Rubel, die ich ihr in Moskau geliehen habe, zurückgegeben.

25. Mai
Hauptsache war der Concours. Ich spielte ziemlich gut. Wir kamen alle drei durch.

Zum ersten Mal im Funk mit Orchester gespielt (Dvořák).

2. Juni
Ich schreibe immer weniger und weniger. Auftritte habe ich keine. Trotzdem stehe ich früh auf, um früher mit dem Üben fertig zu sein. Ich übe gut, aber nicht besonders viel.

28. Juni
Moskau. Es ging sehr gut, d. h. (wie immer) es könnte besser sein. Felik und ich kamen in die dritte Tour. Außer uns noch vier aus Moskau.

4. Juli

In Leningrad ging alles ziemlich gut. Waiman wird uns nehmen, aber mit Fischers Assistenz. Hat uns schon vorbereitet, daß es sehr schwere und unangenehme Arbeit zuerst sein wird. Mit Stüresteps haben wir noch nicht gesprochen.

In Leningrad sah ich Jura Smirnov. Er ist ein sehr kluger Junge. Ich beneide ihn: 1) spielt er sehr gut, 2) hat er eine gute Beziehung mit Olja, die ein sehr nettes Mädchen ist. Das möchte ich auch mal haben können. Vielleicht bin ich allein schuld, daß es so ist, wie es ist?

9. Juli

Felik lacht die ganze Zeit über mich… Wozu dieser enorme Zynismus? Soll nur einer nach Leningrad oder beide zusammen? Ich finde, daß es in jedem Fall zu zweit leichter ist, auch wenn die Freundschaft nicht mehr so dicht ist.

Ich habe beschlossen, keine Streite mehr mit Papa zuzulassen, da es keinen Sinn hat, ihn zu überzeugen. Wir werden verschieden denken, aber ich werde alles tun, um Aufregungen zu verhindern. Also üben, nicht streiten, lesen, lernen und besser sein (oder wenigstens etwas von allem!!!).

24. Juli

So lange nicht geschrieben. Gespräche mit Stüresteps. Er war entsetzt über unseren Beschluß, nach

Leningrad zu gehen. Am meisten wütend war Stūresteps' Frau. Sie sagte, daß es gemein von uns sei.

Übermorgen hau ich auch ab in den Süden. Ich
werde ohne Geige fahren, mir den Süden an-
schauen und noch etwas bei Ljuda sein, aber...
man weiß nicht, wie es sein wird. Ich will mir das
aber leisten vor dem schweren Jahr in Leningrad,
für das ich meine ganzen Kräfte brauche und weit
von allen Freunden bin.

Meine Eltern wissen, wo ich hinfahre. Ich mußte
große Diskussionen aushalten und Moralpredigten
wegen Jugendgefühlen und Vorsicht... Ich habe es
kaum ausgehalten, aber irgendein »Verliebtsein«
vollständig verneint.

29. Juli
Nun bin ich schon zwei Tage hier in Ewpatoria! Es
ist wunderbar, nur etwas zu heiß und zu viele
Menschen am Strand. Ljuda ist froh, daß ich kam,
und ich dann natürlich auch.

30. Juli
Was will ich eigentlich? Ich weiß es kaum selbst.
Ljuda aber ist ein sehr liebes Mädchen. Ich will
nicht wieder schreiben, daß ich sie liebe. Was ist
eigentlich richtige Liebe?

Ich erzählte ihr alles; das ist nur ein Wort, aber
wieviel Kleinigkeiten enthält es? Ob sie das verdient? Ich glaube ja, auch wenn ich von ihrer Seite
nicht die gleichen Gefühle sehe.

190

Ich bin sechzehn Jahre. Ich weiß, wie wichtig die Fahrt nach Leningrad ist, wieviel Neues mich erwartet. Trotz allem denke ich auch an die Schwierigkeiten, die mit dem Verlust von ihr verbunden sind. Ich werde aber alles überwinden und ein guter Mensch werden, und dann wird vielleicht doch einmal das Glück zu mir kommen!!!

31. Juli
Ich bin auch mit Freundschaft zufrieden, aber natürlich ist mir das bei meinen Gefühlen immer wieder zu wenig. Trotzdem fühle ich mich besser, wenn ich jemanden wie Ljuda alles erzählen kann.

2. August
Und noch ein Gespräch. Es war eigentlich das Endgespräch. Was kann ich noch sagen, wenn sie mir sagte, daß sie mich auch jetzt nicht liebt und nie(!) lieben wird... – Wir sollten sehr gute Freunde bleiben. Was heißt das? Eigentlich für mich dasselbe wie früher, nur unter einem anderen Namen.

Ich wollte in Leningrad gut lernen, um bei ihr was zu erreichen, jetzt kann ich auf nichts mehr hoffen. Ich werde aber alles machen, um es in Leningrad gut auszuhalten, die Geige muß mir doch helfen, und wir werden sehen, wer verloren hat.

Beschlüsse:
1. Nie mehr mit Ljuda ernst über meine Liebe sprechen.

2. Sehr gut in Leningrad lernen, um doch alles im Leben zu erreichen.

3. Weiterhin mit Ljuda die besten Freunde bleiben, d.h. aufrichtig sein, weiter ihr Geschenke machen, allen von der Familie zu den Geburtstagen gratulieren, ihr helfen, nach Leningrad zu kommen, von Leningrad gute Briefe schreiben.

4. Nie mehr jemandem von unserer Geschichte erzählen, nur daß wir gute Freunde sind.

5. August

Ich wiederhole: »Ich muß alles machen, um einmal ein großer Mensch zu werden, um viele Menschen (auch Ljuda) von meinen Fähigkeiten zu überzeugen. Ich werde üben, um ihnen das zu beweisen.« Jetzt aber zuerst besser werden.

Ich schaue in mein Tagebuch und merke komischerweise, daß 80% über meine persönlichen Gefühle geschrieben ist, so wenig über die Geige, aber vielleicht ist der Sinn des Tagebuches, über persönliche Sachen zu schreiben.

12. August

Vorgestern die ernste Idee, nicht nach Leningrad zu fahren. Wollte sogar ein Telegramm nach Hause schicken. Warum? Erstens hatte ich das Gefühl, daß Felik mir im Wege stehen kann, zweitens habe ich doch etwas Angst, da Leningrad nicht Moskau ist, und drittens weiß ich nicht, ob Waiman die beste Variante ist. – Vielleicht ist es das beste, nach einem

oder zwei Jahren von Leningrad nach Moskau ab-
zuhauen.

20. August
Neuigkeiten wegen Oistrach: Omi hat mit ihm gesprochen, er wird zwei Jahre nicht unterrichten,
und ich kann deshalb nicht bei ihm studieren. Ich
halte das für sehr gut, da die Beziehungen mit ihm
nicht dadurch verdorben sind, daß ich jetzt zu
Waiman fahren werde.

Ljudas Meinung ist, daß ich meine Möglichkeiten
und Fähigkeiten überschätze und nicht so viel erreichen werde. Sie denkt, es sind nur Illusionen (bei
Felik ist sie optimistischer).
  Ich muß alles machen, um Ljuda zu zeigen, zu
was ich fähig bin.

Erst machen – dann sagen.
  Ich habe nachgedacht über das letzte Gespräch
und kam zu dem Schluß, daß wirklich vieles
stimmt, was sie sagt.

25. August
Morgen fahre ich also.
  Gestern war unser letzter »Ogoniok«*. Beinahe
wäre Ljuda überhaupt nicht gekommen, da sie der
Mutter helfen mußte. Wenn sie sehr gewollt hätte,

---

* Ogoniok, russisch: Feuerchen. So hieß eine der beliebtesten Unterhal-
tungssendungen im Fernsehen. Wir nannten unsere FLAG-Treffen
danach.

hätte sie kommen können. Wir fuhren mit einem Taxi zu ihr, und durch Arkadijs Diplomatie (er hat natürlich auf sie eine größere Wirkung) kam sie doch, aber ohne die Kette, die ich ihr geschenkt hatte. Wir saßen zwei Stunden ziemlich nett zusammen. Es war etwas lustig, etwas traurig. (Papa hatte aber später eine sehr große Wut, daß wir uns, ohne ihm was zu sagen, bei Omi versammelten.)

In zwei Monaten (nur) wird unser nächstes Treffen sein.

Am selben Abend schenkte ich Ljuda noch drei Platten und gab ihr einige Noten. Sie war sehr zufrieden, aber es war ihr natürlich nicht angenehm, wieder von mir ein Geschenk zu bekommen.

Ich bin viel schlechter, als viele denken, und natürlich hat Ljuda recht, wenn sie mich so oft kritisiert. Natürlich kann sie mit ihrem sehr guten Charakter nicht in mir dasselbe finden. Ich fahre jetzt nach Leningrad mit dem Wunsch, unbedingt anders zu werden. Ich werde gerade ihr zuliebe besser werden und werde es bestimmt.

Wie oft habe ich gemerkt, daß reine Gefühle und auch gute Ideen auf dem Papier so trocken »klingen«. Einzig: Es hilft dem Denken, und man kommt zu besseren Entschlüssen.

24. September
Also ein Monat in Leningrad.

Zum Abschied begleitete mich Ljuda noch zur

Tram, und das war alles. Ich übertreibe nicht, ich hatte Tränen in den Augen, als ich wegfuhr. Auf einmal wollte ich gerne im Ensemble spielen, wieder mit meinen Freunden zusammen sein usw. Bevor ich wegfuhr, hörte ich noch Cliburn (Rachmaninov-Konzert). Mami war auch sehr traurig. Dann der Bahnhof, Abschied. Schluß. Keiner begleitete mich, außer die Eltern.

In Leningrad war ich die drei ersten Tage viel mit Jura Smirnov zusammen. Felik mit seinem Vater.

Viele Pläne (Kammermusik, Auftreten, Concourse) fielen nach der ersten Stunde bei Waiman ins Wasser. Eine sehr unangenehme Arbeit an der Technik begann, die Felik viel leichter verkraftet. Ich kann es ohne Musik nicht aushalten. Waiman arbeitet mit uns ziemlich wenig, ungefähr zwanzig Minuten in der Woche, sonst nur sein Assistent.

Das Leben im Internat ist nicht so schrecklich. Das einzig Schlechte sind die vielen Streite mit Felik (wegen verschiedener Kleinigkeiten). Und mit dem Essen ist es sehr schwach, man wird nie richtig satt, und es schmeckt auch nicht besonders. Jeden Tag Grütze. Aber ich sehne mich nicht sehr nach Hause, nur nach Ljuda. Sie schreibt sehr selten (zwei Briefe in der ganzen Zeit). Was ist los? Man kann sich gar nicht vorstellen, was im Internat ein Brief bedeutet. Ich habe ungefähr zwölfmal geschrieben. In den ersten Tagen habe ich viel Geld für Platten für sie ausgegeben. Gestern bekam ich von ihr fünfzehn

195

Rubel und einen Zettel: »Vielen Dank. Kauf keine Platten mehr für mich und überhaupt nichts. Ljuda.« Und wieder kein Brief. Jeden Tag laufe ich zehnmal und frage nach Post und immer die Antwort: »Keine« oder eine Karte von Papa (er schreibt: »Dein Vater«!). Das einzige, was mich freut, sind die Briefe von Omi und auch von Mami, die auf mein Bitten von den Neuigkeiten schreiben.

In der Schule habe ich eine schreckliche Klasse (14 Idioten), aber einen freien Stundenplan bekommen. Das ist sehr bequem.

Ich habe oft schlechte Laune. Gestern habe ich Opas Bogen zerbrochen. Ganz schlimm ... ich wollte etwas unter dem Bett damit rausholen.

Ich war noch in keinem Konzert. Nur jeden Sonnabend sitze ich bei Olja und gucke Fernsehen. Wir spazieren manchmal und sprechen viel. Zwischen uns ist nur eine gute Freundschaft. Sie glaubt sehr an mich.

Im Fernsehen wurde ein Konzert von Schostakowitsch übertragen. Es spielte das Quartett: Waiman, Gutnikow, Rostropowitsch und Kramarow. Ich fand es sehr schön.

8. Oktober.
Die Zeit vergeht sehr schnell, und bald bin ich schon anderthalb Monate in Leningrad. Habe nach drei Wochen einen sehr kurzen Brief von Ljuda bekommen, in dem stand, daß das Schweigen der erste

196

Schritt sei, von dem wir so oft gesprochen haben!!
Dieser Brief hat mich sehr schockiert. Sie hat damit
aber etwas erreicht: Ich bin kälter ihr gegenüber
geworden, aber vergessen kann ich sie trotzdem
nicht.

Habe mich mit Olja befreundet. Wir gehen zu
Konzerten, manchmal spazieren und verstehen uns
sehr gut. Ich habe ihr sogar den Brief von Ljuda
gezeigt. Sie meinte, daß Ljuda kalt sei und ich das
nicht verdiene.

Ich besuchte mehrere gute Konzerte. Besonderen
Eindruck von Rostropowitsch. Das ist wohl ein
»Phänomen«! Und wieviel er nur schafft.

Zu Felik ist die Beziehung nervös. Wir sind nicht
mehr so gute Freunde, trotzdem bin ich ihm für
manche Hilfe dankbar. Er hat große Fortschritte
gemacht. Ich sehne mich nach Riga, denke oft an die
Stadt, an meine Freunde, sogar an meine Klasse.

15. November
Die Ferien sind zu Ende. Ljuda sah ich nur zweimal.
Einmal besuchte ich sie trotz aller Prinzipien, die
ich in letzter Zeit habe, zu Hause. In vier Stunden
sprachen wir vielleicht zehn Sätze. Absolut kein
Interesse für mich, nichts!!!! Ich sah sie lange mit
Waldis spazieren.

Ich habe mir vorgenommen, ihr keine Briefe mehr
zu schreiben.

25. November
Teufelsstimmung. Das Leben im Internat wird von

Tag zu Tag schrecklicher für mich. Meine Vorstellung – zurück nach Riga – ist nicht mehr ausgeschlossen. Jetzt will ich für eine Woche oder zehn Tage gerne irgendwo allein weg, zum Lesen, Üben, Musikhören, da dieses Lebenstempo einen ganz verrückt macht, man kommt nicht nur nicht zum Spielen, sondern auch nicht zum Denken.

Und wieviel Probleme habe ich. Zu Hause ist es bei uns ganz düster. Mein Üben ist auch schrecklich geworden, Waiman habe ich schon beinahe anderthalb Monate nicht mehr gesehen. Er interessiert sich wirklich zu wenig. Also zu Kogan? Ich habe doch so viele Pläne, darunter Bukarest (Enesco-Concours). Ich fühle in mir die Kraft dazu, dann kommen aber wieder Stunden, wo es nicht weitergeht und ich keine Nerven mehr habe, um mich zusammenzunehmen. Hätte ich doch einen richtigen Freund!

Zu Hause war ein großer Krach, vor allem wegen Papa. Er ist ja ein guter Mensch, aber mit vielen Fehlern. 1) Er ist eingebildet; 2) beneidet er Omi um meine Liebe zu ihr (ist sie doch nicht schuld); 3) kann er sehr oft einfach nicht ohne Moralen sein, die einem schrecklich auf die Nerven gehen; 4) denkt er sich viel aus, was ihm nur das Leben schwer macht; 5) hat er kaum gemeinsame Interessen mit Mami – daher alle Skandale. Sie wollten sich sogar scheiden lassen. Ich meine, man muß noch anderthalb Jahre abwarten, bis ich achtzehn bin, dann weitersehen.

8. Dezember

Zu Hause sind sie zwar nicht sehr dafür, daß ich zurückkomme, aber ich meine, es ist das beste.

16. Dezember

Gestern schrieb ich an Omi meine letzten Beschlüsse. 90% waren dafür, daß ich nach Riga zurückfahre.

Heute hatte ich eine Stunde bei Waiman. Er sprach sehr viel von Intellekt und Gefühl, und ich begreife immer mehr, wie wichtig es ist, Musiker zu sein, aber dafür muß man auch technisch alles können. Waiman ist in solchen Minuten sehr interessant, und doch will ich weg.

Habe ich Angst vor der Arbeit und will weiter Wunderkind spielen? Wenn nur das der Grund ist, so taugt er nicht viel. Alles muß noch bedacht werden, ich will ja wirklich was werden.

Wer ist schuld, daß ich mich so schwer mit Menschen verstehe?

Habe die Biographie von Menuhin etwas durchgeschaut. Ja, er ist bestimmt sehr bescheiden. Das fehlt mir, oft mache ich vieles, nur um was zu zeigen und nicht für die Musik, und das ist nicht richtig.

Ich liebe die Musik sehr, aber beim Spielen fehlen mir oft die Ideen. Früher gab es doch die Momente, wo ich mich der Musik hingab, aber beim öffentlichen Auftreten wurde auch da die Aufmerksamkeit auf technische Sachen konzentriert. Waiman sagt, daß ich vom Mitmachen bei Concoursen allein kein großer Künstler werde. Ich verstehe, daß ich noch viel arbeiten muß. Früher oder später muß ich doch nach Moskau, und so wird es besser sein, wenn ich jetzt wegfahre. Oder?...

1. Januar 1964
Habe von Papa das wunderbare Buch »Alle Menschen sind Feinde« von Richard Aldington bekommen. Sehr froh darüber.

Wenn ich alle Entwürfe meiner Briefe an Ljuda jetzt lese, wird es mir ganz komisch, aber auch traurig – wie blind ich an die Beziehung geglaubt habe, wie sehr ich sie wollte!

Der Verlust von Großvater. Erst jetzt verstehe ich, wieviel er mir hätte helfen können. Zu spät.

10. Februar
Ich bin wieder in Riga.
Am 8. 2. habe ich die zweite Tour für den Enescu-Concours gespielt. Ich war der einzige, spielte gut (war sogar selbst mit mir zufrieden), und im März fahre ich nach Moskau.
Ich übe jetzt auch das Brahms-Konzert und hoffe, es gut zu schaffen. Mir gefällt es sehr, aber es gibt noch Schwierigkeiten im Ton.
Mit Ljuda ist alles aus. Ich lese jetzt viel, interessiere mich sehr für Musik und finde das alles sehr schön, aber mir fehlt immer noch ein Freund. Ich will sehr, sehr gut in Moskau spielen.

24.–27. Februar
Lwow-Riga. *Konzertreise vom Ensemble.*

Diese Fahrt hat mir über manches die Augen geöffnet, viele Gedanken kamen in den Kopf. Es ist schrecklich schwer, das alles aufzuschreiben, aber trotzdem bemühe ich mich:

1. bin ich noch sehr wenig entwickelt, wenn auch mehr als andere. Ich kann Entscheidungen nicht annehmen, da tausend »ja« und »nein« sind, die ich irgendwie nicht vereinigen kann.

2. Ich kann sehr schwer die Dinge von allen Seiten ansehen, das ist aber sehr wichtig zu können.

3. Ich habe noch wirklich kaum einen ganz eigenen Gedanken, meistens wiederhole ich die von anderen und muß demnächst mehr den eigenen Überzeugungen folgen.

4. Ich darf nicht so den Menschen »nachlaufen«, Angst haben, sie zu verlieren, muß mehr lesen, mich bilden, damit die andern mich mehr schätzen (und schon beim Durchlesen merke ich, wie lächerlich das alles klingt).

5. Bin ich aber wirklich selber schuld, daß ich keine Freunde habe? Ich habe noch viele Fehler, außer den genannten; ich kann in Gesellschaft nie lustig sein, d. h. (habe ich nicht genug Humor?) bekomme sehr leicht schlechte Stimmung.

Ich merke wieder beim Schreiben, daß ich alle Fragen, die sich im Kopf bilden, aufschreiben will, alles ist aber noch sehr im Nebel. Ich habe eben noch keine klaren Überzeugungen, und dabei bin ich schon siebzehn. Mein Ideal von einem Freund ist zu hoch. In einem Monat fahre ich nach Moskau, ich muß gut spielen. Ich bin zu kompliziert. Ich muß mehr lernen zu leben.

8. März
Einen sehr großen Eindruck hat auf mich die Fahrt nach Lwow gemacht und die Gespräche mit Dawatdarowa.* Ich bereite mich für den Concours in Moskau vor. Es werden 43 Teilnehmer sein. Ich habe sehr wenig Chancen, durchzukommen.

Meine Gedanken haben sich in der letzten Zeit um »das Leben« gedreht, die Bücher von Somerset Maugham (vor allem »Summing up«) und die Gespräche mit Dawatdarowa.

Oft habe ich einfach ein ganz wunderbares Gefühl, daß ich lebe, *aber dann gibt es wieder Momente, wo ich nicht an meine Fähigkeiten glaube. Ich denke sogar, ob Geiger das richtige für mich ist, aber was denn sonst?*

Meinen Geburtstag habe ich allein gefeiert; da ich nicht wußte, mit wem!

3. April
Am 29. 2. war mein erstes Solokonzert. Viel Erfolg usw. Allein, ich bin noch nicht zufrieden (außer Brahms). Nur das habe ich gespielt. Alles andere

---

* Emina (Emma) Dawatdarowa, ungefähr zehn Jahre älter als ich, arbeitete in der Schule als Klavierbegleiterin.

war Arbeit. Übermorgen fahre ich nach Moskau zum Concours. Werde mich natürlich bemühen, so gut wie möglich zu spielen.

Mehrere Gespräche mit Dawatdarowa. Das ist ein interessanter Mensch. Vielleicht hätte ich mich sogar verliebt, wenn sie nicht verheiratet wäre! Immer treffe und suche ich mir was Unmögliches aus!

Wie schade, daß ich so oft Menschen brauche und sie mich nicht!!!

24. April
Leider kam in Moskau nicht alles so raus, wie ich es wollte. Der Hauptgrund war, daß ich mich nicht völlig der Musik hingegeben habe, zuviel aber daran gedacht habe. Dann war das Spiel sehr nervös, und kaum etwas war wirklich gut in jeder Hinsicht. Mit so einer Verantwortung zu spielen und so einem Willen, es gut zu machen, bei so wenig Chancen*, ist sehr schwer.

Emma und ich sind so gute Freunde. Wie kommt das? Zehn Jahre Unterschied? Das Alter spielt nicht die Hauptrolle. Es ist so interessant, mit ihr zu sein und zu sprechen. Sie ist ein Mensch, zu dem man Vertrauen haben kann. Dennoch gibt es ein »Aber«: Auch Natascha hat mit ihr eine gemeinsame Sprache gefunden, ich will aber so einen Menschen für mich haben (natürlich außer ihrem Mann, den ich

---

* Die Moskauer wurden bei den Auswahl-Wettbewerben immer bevorzugt.

vorgestern kennenlernte und der auf mich einen sehr guten Eindruck machte). Ich schimpfe nicht oft auf meinen Egoismus, aber er sitzt sehr tief im Charakter und ist mir oft schwer.

Von mir soll man sehr gut gesprochen haben, besonders Oistrach. Mir scheint, daß niemand bedeutend besser war als die anderen und die Gewinner durch eine Lotterie zwischen den Pädagogen ihren Platz bekamen. Die meisten sprachen von meiner Technik, ich wäre aber viel froher, wenn man mehr auf meine Musik geguckt hätte.

Nun bin ich wieder in Riga. Die Schule, das ist das Schrecklichste, aber ich kann gut üben, spiele sehr viele schöne Stücke, und dann ist da noch Emma!

Ich bin etwas über siebzehn. Dieses Lebensjahr hat ziemlich gut angefangen. Es ist manchmal teuflischinteressant zu leben, aber wie oft meint man, daß sich das nie mehr wiederholt!...

Ich fühle aber, ich bin durch gute Bücher und die Gespräche mit Emma besser geworden, muß aber noch... (jetzt aber genug »muß«).

4. Mai
Heute, wo ich meinen vierten Band anfange, komme ich von einer schönen Reise nach Leningrad. Ich war dort mit Emma und ihrem Mann Wadim. Wir waren so viel zusammen, konnten so viel diskutieren, sehen! Den größten Eindruck machte Kosintzevs Film »Hamlet« mit Smoktunowski und der

Musik von Schostakowitsch. Das ist einfach prachtvoll.

Natürlich sprachen wir vom Leben. Auch Wadim
ist ein Mensch, der sich schwer tut mit anderen (ich
meine mit der »Menge«). Die »Menge« drückt ihn
einfach sehr. Ich verstehe es gut, weil ich es selbst oft
empfinde. Die Menschen sind zu verschieden, um
was zusammen zu machen, darum glaube ich nicht
besonders an das Kollektivgefühl. Die Menschen
sind dafür zu große Egoisten. Am meisten ist die
Offenheit am anderen zu schätzen. Wie schwer war
das im Fall von Ljuda für mich. Vielleicht sah ich in
ihr das, was ich sehen wollte? Das war vielleicht der
größte Fehler? »Man darf den Glauben an sich nicht
verlieren«, sagt Omi ständig zu mir.

Wie selten treffen sich wirklich richtig passende
Menschen! Emma denkt, nur einer von hundert,
und wirklich, vielleicht hat sie recht. Ehen sind
darum oft (so oft) nicht glücklich: Man lernt nicht,
sich einander zu helfen, und man lebt nicht, um
zusammen zu leben, sondern man lernt »einer mit
dem andern auszukommen«. Darum findet sie, daß
es freie Ehen geben sollte, und wenn man nicht
zusammenpaßt, nicht weitermachen soll, auch
wenn Kinder da sind. Weil später die Kinder die
ganze Falschheit sehen werden und dann...

Ehen entstehen meistens aus Verliebtheit. Die
Menschen denken, sie werden sich immer so gut
verstehen, und das ist ein großer Spaß der Natur.
Außerdem spielt natürlich der geschlechtliche Trieb

mit. Menschen, die denken, haben es natürlich schwerer, aber sie können auch vieles ganz anders empfinden, und das ist doch ein großes Glück. Emma hat mir so halb im Spaß geraten, nie zu heiraten. Hat sie recht? Vielleicht, aber lieben muß ich viel, auch wenn ich nie eine Antwort bekommen werde, wird das doch meine Gefühle tiefer machen, und die werde ich in der Musik ausdrücken.

Es liegt in meiner Natur, daß ich von dem anderen einzig und allein verlange, daß er zu mir genauso sein soll wie ich zu ihm, und wenn ich mich ihm ganz hingebe, soll auch er es machen. In so einer Ehe werde ich auch glücklich sein. Aber weil Ehe beinahe unmöglich ist, brauche ich solche Freunde. Mir kommt aber oft die Frage, bin ich das wert? Wenn nicht, muß ich mich bemühen, so zu sein, daß ich meinem Freund immer gerade in die Augen gucken kann und mich auch vor den eigenen Gedanken nicht schämen muß.

Die Menschen muß man doch lieben und ihnen verzeihen, weil man selbst nicht ideal ist. Und ich muß es auch machen, besonders zu Hause, wo alles traurig ist.

8. Mai
Ich denke wahrscheinlich wieder zu viel über einfache Sachen nach ... ??? Aber diese ewigen Fragen im Kopf! Und dann noch oft Eifersucht auf Natascha! Wie häßlich ist das.

13. Mai

Ich muß lernen, die andern mehr zu lieben und andere in ihrem Unglück zu verstehen und ihnen zu helfen.

Manchmal bin ich schrecklich froh, daß ich Emma getroffen habe.

18. Mai

Ich bin ganz verzweifelt. Emma habe ich heute nach drei Tagen gesehen, und nur »Guten Tag«!!! Warum? Habe ich mich wieder geirrt? Bin ich wieder selbst schuld? Was habe ich falsch gemacht? Das ist einfach schrecklich. Ich wäre schon bereit zu denken, daß sie einfach wegen Wadim schlechte Stimmung hat. Bin ich wirklich ein Egoist? Wieder keinen Freund?

19. Mai

Heute sprach ich endlich mit Emma. Sie wollte mir das Geld geben, das ich in Leningrad für sie ausgelegt habe! Ich habe es natürlich nicht genommen. Ich finde, daß das bei einer Freundschaft keine Rolle spielt. Dann erzählte ich etwas von meinem Zustand in diesen Tagen. Sie sagte, daß der Mensch so ist, daß er sich etwas öffnet und dann sich wieder versteckt. Mein Fehler sei, daß ich alles von einem Freund verlange, aber sowas würde ich nur einmal im Leben haben können. Ich brauche einen Menschen, dem ich vertrauen kann.

Aber Emma? Ist das ein Zufall, daß auf meinem Weg ein »Freund« immer eine Frau ist?

22. Mai

Wadim ist krank mit dem Magen. Das ist natürlich schlecht. Aber die Armee scheint für ihn auszufallen! Also vielleicht doch ein schöner Sommer! Aber ob mit mir?

Emma sagte mir heute, daß ich ins Krankenhaus gehen soll, damit ich sehe, daß ich keinen Grund habe, in schlechter Stimmung zu sein. Vielleicht hat sie recht.

Ich sehe wieder einmal im Tagebuch, wieviel ich über Beziehungen mit den Menschen geschrieben habe und wie wenig von Musik. Aber die Beziehungen sind zur Zeit mein Hauptproblem. Ich kann mich nicht richtig finden.

2. Juni

Gestern hielt ich es nicht mehr aus und ging ins Konservatorium, um mit Emma zu sprechen. Ich mußte auf sie ziemlich lange warten, aber dann gingen wir anderthalb Stunden spazieren und sprachen sehr viel. Ich erzählte ihr viel von dem, was ich in den nicht abgeschickten Briefen geschrieben habe. Sie verstand mich!!! (Als sie Wadim von meiner schlechten Laune berichtete, fragte er sich, ob das nicht von meiner Einsamkeit kommt! Wie genau!) Endlich hatte ich wieder gute Stimmung.

4. Juni

Die meisten Menschen sind dumm, denken nicht,

haben keine Ideale, keinen Glauben, und wir müssen mit ihnen leben.

Das einzige, was noch hilft, ist die Kunst.

Heute sprach ich mehrere Stunden mit Emma über alles. Sogar über Ljuda. Wir kamen darauf, daß alle Mädchen schließlich Frauen sind und darum einen nicht verstehen. Sie lieben, wenn man ihnen nachläuft usw. Das ist schrecklich. Ich glaube kaum, daß ich mal einen Freund in einer Frau finden werde, aber Emma sagt, daß ich doch eine Frau haben müsse. Ja, wahrscheinlich würde sich mein Zustand verändern, aber ich denke nicht, daß ich dann befriedigt sein werde.

Ich kann nur einen vollständig lieben. Ich kann nur auf ein Glück hoffen, schließlich ist alles Zufall. Emma riet aber, nie eine Frau unter 25 zu heiraten, da erst ab diesem Alter eine Frau anfängt, auf vieles anders zu schauen.

12. Juni

Nach dem »Idioten« im Vachtangov-Theater, adressiert an Emma:

»Einige ›idiot-ische‹ Gedanken... zweifellos unter dem Einfluß der Vorstellung...

Ich habe mich soweit von Ihnen entfernt gefühlt... vielleicht ist das gesetzmäßig so, aber es war sehr eigenartig für mich...

Mein krankhaftes Mißtrauen übertreibt wieder

alles, aber ich fühle mich wirklich in diesem Zustand des kompletten Alleinseins nicht in meinem Teller …

… Verlasse mich auf unsere Arbeit (obwohl ich weiß, daß es vielleicht besser, leichter wäre, sich nicht zu treffen, nicht zu spielen …). Es ist schwierig, allein zu sein, aber ich fühle, daß ich immer allein sein werde.«

19. Juni

Besuche ständig Vorstellungen des Vachtangov-Theaters. Vorgestern und gestern war ich besonders begeistert, besonders von der Schauspielerin Borisowa. Den Eindruck von der gestrigen Stimmung kann ich gar nicht beschreiben.

Habe wieder einen Glauben bekommen an etwas Gutes(!), die Lust zu arbeiten. Das ist sehr wichtig. Gestern hatte ich sogar die Idee, einen sehr offenen Brief an Borisowa zu schreiben. Jetzt halte ich diese Idee schon wieder für dumm, aber gehabt hatte ich sie. Warum?

Ich brauche sehr einen Menschen um mich. Ich will nicht sagen, daß sie es ist. Mein Hauptgrund war, daß ich ihr danken wollte für ihr Spiel, mit dem sie mich in so eine andere Stimmung bringen konnte. Sie hat sehr interessante Augen.

5. Juli

Nach der Vorstellung der »Millionärin« von Shaw mit der Borisowa.

Bin in einem außergewöhnlich guten Zustand. Sie hat sich bei mir für den Brief und die Blumen bedankt. Ich will jemand werden. Alles muß sich der Idee unterordnen, Geiger zu sein. Mein Brief an sie verpflichtet mich dazu. Wenn es schwierig wird, muß ich mich an meinen Brief erinnern und an ihr Spiel trotz Heiserkeit.

6. Juli
Ich liebe Städte frühmorgens. So frische Gerüche, so still.

Ich beneide große Künstler. Wenn dieser Neid mir aber hilft, mein Ziel zu erreichen, dann wird man ihn verzeihen können.

Die Gastspiele des Vachtangov-Theater sind zu Ende. Habe Borisowa nur aus der Ferne gesehen. Jetzt zur Sache. Ich will ein großer Mensch werden und nicht ein ordinärer. Also verlangt das eine sehr große Arbeit.

7. Juli
Der Menge gefallen nicht so sehr die guten Schauspieler als die charmanten. Das Theaterpublikum ist in der Masse dumm.

Habe ich das Recht, mich als einen »anderen« zu bezeichnen, oder ist das nur mein Wunsch?

Wie oft schreibe ich von großer Arbeit und übe dann nur vier Stunden, weil mir alles überdrüssig wird und ich ganz andere Sachen tun will. Abends dann wieder Gewissensbisse und … die Entscheidung, ab morgen neu zu beginnen.

Ich ärgere mich über die Kritik meines Vaters (obwohl ich meine Schwächen kenne). Ich mag es auch nicht, wenn er mich lobt (was selten passiert). Immer wieder spüre ich in seinen Worten dieselben Diskrepanzen, die mir nur allzu bekannt sind.

Ich brauche einen guten Menschen, der mich führen könnte – mir fehlt oft der Wille. Werde ich einen treuen Menschen finden?

Jetzt habe ich ein Ziel und alle Bedingungen, es zu erreichen. Warum sitze ich dann im Café, war im Kino, gehe ins Theater und übe nicht?

Ich habe keine Freunde und treffe mich kaum mit jemanden in der letzten Zeit. Aber das bedrückt mich wenig. Nur gelingt mir die Analyse der Frage »Warum das so ist?« nicht ganz. Ich werde so weiterleben wie bis jetzt. Gibt es überhaupt eine Chance, einen mir treuen Menschen zu treffen, oder ist es unmöglich?

Gestern sprach ich mit Ljuda. Wie fern wir voneinander sind!

Warum bin ich so schüchtern? Kann sogar im Gespräch mit der Kellnerin wahnsinnig rot werden, und als ich mit Borisowa sprach, zitterte ich nahezu (!). Sie ist offenbar noch nicht abgereist – ich habe sie hinter einem Restaurantfenster sitzen sehen. Wie ein kleines Kind bin ich vor dem Fenster hin- und hergelaufen. Warum? Ich weiß es nicht, aber ich tat es.

Ich verdiene unbedingt die Bekanntschaft mit ihr und werde mit ihr an einem Tisch sitzen.

Felik hat vielleicht recht, wenn er sagt, mir fehlt die Frechheit. Ich möchte aber kein Frechling sein...

Ich bin wahnsinnig von meinen Stimmungen abhängig; dabei kreiere ich sie selber!

9. Juli
Emma meint: »Warum arbeiten? Wozu sich anstrengen? Ist es nicht besser, nur dem Vergnügen zu leben?« – Ich bin nicht ganz einverstanden:

a) Nur durch Arbeit kann man den Zustand erreichen, in dem man die großen Visionen empfindet. Für mich ist das Leben Empfindung.

b) Die Arbeit in der Kunst ist: austretende Kraft. Wenn die nicht vorhanden ist, muß man sich einer anderen Tätigkeit widmen.

Ich könnte ohne die Geige nicht leben, aber vielleicht ist das nur eine Gewohnheit?... Aber gewöhnlich sein *ist schlimm (ohne Blumen, ohne Bewunderer usw.).*

Kann ich aber wirklich ein Künstler werden? Sind große Künstler mit sich zufrieden? Wahrscheinlich doch, aber selten (ich jedenfalls), und sogar diese seltenen Augenblicke verlangen eine Riesenarbeit. Und dann, wenn man alt wird? Nein, es ist besser, nicht daran zu denken. Ich muß mit meinem ganzen Ich zum Höchsten streben, sonst komme ich um!

12. Juli
Man sollte gleich morgens nach dem Aufwachen gute Musik hören.

Warum lieben die Zuhörer die schnellen Sätze in der Musik so? Ist das ein Beweis ihres oberflächlichen Hörens? Oder ist es der Rhythmus, der Tanz? Mir werden langsame Sätze nur dann überdrüssig, wenn sie langweilig vorgetragen werden. (Wie oft ist das der Fall!)

Ich höre zu, und zwangsmäßig vergleiche ich alles mit mir selbst.

Dieser Tage begriff ich, daß ich in meiner Vereinsamung mich zum Egoisten entwickle... Habe ich darauf ein Recht? Man sollte mehr die andern lieben; sich sogar dazu zwingen...

Nicht alles geht mit dem Üben wie erwünscht. Aber trotzdem übe ich und erinnere mich oft an das Vachtangov-Theater. Habe ich aber genug Begabung, um Geiger zu werden? Und Geduld?

Vor den Auftritten verfolgt mich die Angst vor Fehlern. Wie sie loswerden? Vor dem Konzert ist sie nicht da – sie kommt erst auf der Bühne(!).
   Wie oft schreibe ich: »Ich sollte«. Und in Wirklichkeit?

20. Juli
Nein, das Leben lohnt sich doch. Komme aus der Staatsbibliothek. Wie viele Bücher!

Die Schüchternheit zeigt sich anhand schrecklicher Kleinigkeiten – zum Beispiel bei Telefongesprächen.
   Immer wieder bezweifle ich meine Begabung, wirklich etwas zu erreichen. Ich kenne doch meine Schwächen: kein grenzenloses Gedächtnis, keine Arbeitssucht. Und doch spüre ich gelegentlich in mir etwas, was nicht erklärbar ist (wenn es keine Täuschung ist). Aber warum habe ich manchmal Erfolg, wenn ich nicht alles gegeben habe? Heuchelei oder Dummheit der Menge? Ist das der Grund für meinen unbefriedigten Zustand nach den Konzerten?

Habe ich, solange ich jung bin, das Recht, von allen nur zu »nehmen«, oder bin ich verpflichtet, schon *etwas zu geben? Ich fühle nicht, daß ich schon etwas geben könnte. Vielleicht sollte ich einen anderen Beruf wählen? Aber welchen? Überall wird Arbeit verlangt. Möchte ich mir nicht einfach nur das Leben erleichtern? Schauspieler werden kann ich schon wegen meiner Aussprache nicht. Überhaupt habe ich mich der Musik schon zu sehr aufgeopfert.*

Mich kann ein Mensch, dem ich vertraue, sehr leicht umstimmen.

25. Juli
Ein ungeheurer Schock. Man sagte mir, daß die Borisowa sehr arrogant im Leben ist und gar nicht bescheiden. Die Laune ist mir verdorben: Ist es möglich, daß ich mich geirrt habe? Sind denn solche Kontraste überhaupt möglich?

29. Juli
S. Maugham (aus »Theater«):

»Schauspieler tun alles, um wie Gentlemen dazustehen, und umgekehrt – Gentlemen versuchen, wie Schauspieler aufzutreten.«

»Wer uns wirklich liebt, liebt unsere Schwäche und nicht die Stärke.«

»Gefühle muß man durchlebt haben, aber spielen kann man sie nur, wenn man sie überwunden hat!«

Ich träume von meinen Erfolgen und wie ich sie ihr

(Borisowa) mitteilen werde. Wie gerne würde ich für sie spielen.

Habe lange und aufrichtig mit Felik gesprochen. Eigenartig… oder ist unsere Aufrichtigkeit nur meine Illusion?

7. September
Schon sieben Tage halte ich mich an mein Wort und übe gut. Will mich zum Pariser Wettbewerb vorbereiten. Vielleicht wird das mein erster Erfolg?

Ich muß! Und doch – vielleicht nicht Geiger werden? Gelegentlich komme ich mir so unbegabt vor. Was brauche ich mehr – Unterstützung oder Kritik? Wahrscheinlich Unterstützung, ich bin so schwach der Kritik gegenüber (sogar der dümmsten). Wo ist der Mensch, der mir helfen könnte? Ich muß ihn suchen, nicht auf ihn warten.

Arkadij hat gestern gesagt, daß man sich nicht immer einen Ausweg offen lassen sollte oder das Alter als Ausrede benutzen. Richtig! Entweder meine Ansicht ist fest, oder ich sollte sie für mich behalten.

Ich will mit Genuß leben! (Wieder nicht meine Worte!)

8. September
Ich habe keinen Freund, d. h. niemand glaubt an

mich, vielleicht noch Fima*. Er strebt aber zu sehr die Richtigkeit an, wo doch alles nur Konvention ist.

Wenn es eine größere Verantwortung gibt und man dir zuhört, spielst du besser...

Neue Lehrerin in Literatur. Interesse. Zusätzlicher Stoff. Eigene Gedanken, weiß viel, liest gut, als Mensch – eine Frau.

Niemand scheint an meine Persönlichkeit zu glauben. Fehlt sie wirklich?

Ich bin für den Kampf gegen die Konvention... Lese Stanislawski. Ist dieses System wirklich für alle notwendig? Ich zweifle daran (Beispiel Smoktunowsky). Hatte nicht auch Waiman ein System?

Verdiene ich denn keinen Menschen, der an mich glaubt?
    Mit Emma gespielt. Vorwürfe ihrerseits, daß ich mich nicht füge (Marina sagte das auch). Wie eigenartig – fast niemand glaubt an meine Individualität. Vielleicht habe ich wirklich keine.

24. Oktober
Mit jedem Tag liebe ich die Musik und die Kunst mehr. (Nur sollte man nicht vergessen, daß du nicht der einzige bist, der sie liebt!)

---

* Efim (Fima) Joffe war ein guter Klassenkamerad.

Man muß über das Schwierige zur Einfachheit gelangen, d.h. zur Schlichtheit, nicht zur Vereinfachung.

Werke, die nur einzelne Zeitfragen widerspiegeln (wenn auch gut), sind zeitlich begrenzt und verwandeln sich in ein Museum. Die Leute bewegt eher das Leben an sich.

Am 8. 10. mein erstes Konzert mit wahrer kreativer Aufregung. Was für ein Genuß zu spielen, wenn man dir zuhört, wenn du das ausdrücken kannst, was du empfindest!

27. Oktober
In einer Stunde der zweite Durchgang des Republikwettbewerbs. Bin aufgeregt.

Ich muß:
1) an Borisowa denken,
2) den Menschen Freude vermitteln,
3) die Schönheit des Werkes zeigen,
4) daran denken, was der Komponist ausdrücken wollte,
5) für mich spielen.

Kurz und gut – spuck auf alles und denk an die MUSIK!

31. Oktober
Rundheraus: Die Diktatur der Masse – völlig irrele-

vant; es waren Persönlichkeiten, die die Massen anführten.

14. November
In einer Stunde die dritte Runde. Spiele Brahms. Nun... Woran kann man denken, Brahms spielend!!!?

22. November
Habe nicht schlecht gespielt; das einzig ärgerliche, es war nicht wirklich Brahms – zu viel Sinnlichkeit!

Menschen und Objekte lieben wir materiell, die Kunst aber vermittelt das Gefühl, wahrhaftig das Leben zu lieben!

24. Dezember
Während des Schaffens sollte man das Vorhaben des Komponisten begreifen, es aber durch sich selber *entfalten*. Es ist gefährlich, Begeisterung zu *kreieren* zum Zweck der Begeisterung!
Wie oft gibt es die Verbindung eines sehr begabten Wesens (meistens eines Mannes) mit einem ganz einfachen, aber herzlichen und liebenden – Hamlet-Ophelia. Geschieht das nicht deshalb, weil Talente einen gutmütigen Freund brauchen?

Ich muß versuchen, vor den zukünftigen Konzerten länger allein zu sein!

Gorki: »Zwingt mich zum Denken, die Wahrheit finde ich schon selber!«

Das Jahr 1964
Ein Jahr, das traurig anfing, d. h. in voller Einsamkeit. Ein Jahr des Reisens, der Erfolge, der Begegnungen, vieler neuer Eindrücke. Die Zeit läuft, dieses Jahr ist vorbei, aber es wurde gelebt, und das bedeutet viel.

Was ist denn das Wesentlichste?

Ich habe die Kunst zu lieben begonnen.

Ich habe auch angefangen zu denken!

Bin viel gereist und »ertrank« in der Masse der Eindrücke.

Ich habe begonnen, das Leben zu lieben, und wünschte mir, die andern könnten dasselbe fühlen. Ich habe immer noch keinen wirklichen Freund gefunden.

Ich habe etwas in meinem Spiel erreicht, das aber ist noch weit davon entfernt, was ich wirklich will!

Ich leide sehr unter den Zuständen zu Hause. »Leiden« ist zwar nicht der richtige Begriff, weil mehr die anderen wirklich leiden, aber obwohl sich alles um mich dreht, kann ich nichts daran ändern.

Mein Ziel – ich will fähig sein, durch die Musik den Leuten mehr Freude vermitteln.

Borisowa ist für mich zum Symbol der Liebe zur Kunst und zur Treue ihr gegenüber geworden. Wie freute mich diese Begegnung. Obgleich ich sie nicht näher kennenlernen konnte, gab mir selbst das *kurze Treffen enorm viel. Ich wünsche mir, ihr im nächsten Jahr wieder zu begegnen.*

Viele Bücher haben mich weitergebracht. Sie sind meine besten Freunde.

Ich freue mich, daß dieses Jahr zum Jahr der Selbsterkenntnis wurde, habe die Liebe zur Kunst entdeckt, zur Wahrheit und zum Leben. Soll das Jahr 1965 zum Jahr des Kampfes um meine Persönlichkeit werden.

Von den letzten Tagen. Die Reise nach Tallin. Habe dort ein sehr reines Geschöpf getroffen. Ein Urteil, das ich nur mit den Augen getroffen habe. Tiju. Ich kenne sie kaum, aber ein paar von ihr gesagte Sätze reichten aus, um zu dieser Einschätzung zu kommen (merkwürdig – wieder ein Mädchen!), z. B. sagte sie: »Ich liebe Menschen, die verwundern können.« (Smoktunowski sagte ja auch: »Mein Lieblingsausdruck ist verwundern.«)

Nach diesem Treffen will ich überhaupt keine Maske mehr tragen, nur immer ehrlich das sein, was ich bin, und andern dabei Freude vermitteln.

Marcel Marceau auf der Bühne gesehen.

Das letzte Ereignis – Ljudas Hochzeit. Ich habe diesbezüglich keine Worte.

Das neue Jahr fängt bald an. Soll es ein gutes sein! Obwohl ich immer noch alleine bin, ist es eine andere Einsamkeit als Anfang des Jahres.

Vielleicht begegne ich in diesem neuen Jahr dem
erwünschten Menschen (oder gibt es sogar einige?!).

14. *August 1965*
*Wie merkwürdig für mich, wieder Tagebuch zu
führen, wie lang hat das schon aufgehört, und doch
nehme ich es auf Reisen mit und habe oft das
Bedürfnis, einige Gedanken einzutragen.*
    *Ich bin auf dem Weg aus dem Süden. Wie immer
gibt es einen Haufen von Eindrücken: Riga-Sim-
feropol-Jalta-Alushta-Jalta-Nikiter   Garten-Jalta-
Odessa-Kishinev. Und nun immer näher nach
Hause.*
    *In letzter Zeit habe ich eine Menge gesehen. Ich bin
selbst perplex, wo ich nur im Laufe dieses Jahres
schon war: dreimal in Moskau, zweimal Leningrad,
Vilnius – habe bei zwei Unions-Wettbewerben mit-
gemacht, gab vier Konzerte, beendete die Schule,
wurde ins Moskauer Konservatorium aufgenommen, war auf dem Internationalen Filmfestival, sah
viele Theatervorstellungen und, was nicht wenig
bedeutet, hatte viel Kontakt mit Menschen (alte und
neue Bekannte). Dabei ist es erst August.*

*Ich bin achtzehn Jahre alt. Ich könnte mit meinem
Schicksal sehr zufrieden sein – bin schon Preisträger, wurde selbst in die Klasse von David Oistrach
aufgenommen. Was denn mehr? Und doch bin ich
unzufrieden. Sehr oft fühle ich mich bedrückt und*

versuche als Folge davon, was anderes als geigen zu tun.

Ich habe öfters die Liebe zur Geige verloren, fand, daß es mir an Fanatismus dafür fehlt. Nicht nur in der Vergangenheit, auch jetzt besuchen mich gelegentlich solche Gedanken.

Mich schreckt die Zukunft. Nach all der Kritik an meinem übertriebenen Individualismus habe ich einfach etwas Angst. Ich kann schon nahezu selber nicht mehr ganz klar beurteilen – wer bin ich eigentlich?

Das ist natürlich auch das schwerste – sich selber zu verstehen.

Ich denke immer, ich benötige dringend einen Menschen, der mir helfen könnte, mein »Ich« zu entwickkeln. Der mich versteht. Ich will, daß alles, was ich mache, Tiefe hat, daß die Menschen dank der Musik menschlicher werden, also denkender, daß die Musik überall Gutes sät.

Wenn ich all diesen »richtigen« (»treuen«) sowjetischen Musikern ähnlich werde, mache ich (wie die anderen auch) die Menschen noch mehr zu »Zahnrädern im Getriebe« und werde nie die wahre Kunst erreichen. Der Mensch des 20. Jahrhunderts braucht so sehr Behutsamkeit – alles rundherum ist sowieso schon mechanisiert. (»Aller Fortschritt ist reaktionär, wenn der Mensch dabei zugrunde geht.«) Wenn man die Kunst in eine exakte Wissenschaft verwandelt, passiert genau das. Die Kunst ist im Augenblick als einzige fähig, uns Freude, Selbsterkenntnis und Energie zu vermitteln.

Was aber soll man mit Leuten anfangen, die keine Kunst verstehen?

Gerade erst habe ich auf dem Schiff Matrosen getroffen, die der klassischen Musik gänzlich fremd gegenüberstehen. Man kann sie auch nicht überzeugen, sie seien im Unrecht. Vielleicht ist das schlicht so, weil wir alle materiell schlecht dran sind. Nur wenige können geistig leben (denke an B. Brecht).

Ich habe es nicht leicht, weil ich schwer mit anderen in Kontakt komme. Ich lebe, d.h. ich denke und versuche auf Schritt und Tritt etwas für mich zu entdecken. In Wirklichkeit habe ich aber noch nie einen Menschen getroffen, mit dem ich gemeinsam die Welt bauen würde, sondern nur Menschen, die mein Weltbild formen.

Warum fühlen Frauen die Musik so gut? Wahrscheinlich, weil sie so gefühlsreich sind, aber hie und da fehlt das Verständnis. Alles nur Intuition. Wie werden denkende Frauen gebraucht!!! Ich glaube, sie könnten vollkommener sein als Männer…

Alik Maisenberg ist ein sehr guter Mensch mit einem ernsten Verhältnis zur Musik. Don Juan (ihn lieben alle, und er hat nichts dagegen), etwas willensschwach, denkt aber viel nach.

Ich bin unfähig, nicht zu denken. Oft wünsche ich mir trotzdem, mich zu verlieben und mich da ohne Besinnung hineinzustürzen. Auch wenn der Wunsch sehr relativ und abstrakt ist, wird das nie mehr möglich sein.

Felik hat das Vorspiel für Italien bestanden. Man kann verstehen, was das für eine Bedeutung für mich hatte. Ihn begleitet das Gelingen, das ich schon lange vermisse. Besonders bedrückt mich die Tatsache, daß ich noch nie erster war. Außer meiner Mutter, Olja, Omi und Stūresteps traf ich bisher kaum einen Menschen, der an mich glaubt und das verstehen würde. Das ist sehr schwer auszuhalten.

Meine ganze Reise war ein Versuch, mich von diesen traurigen Überlegungen zu entfernen. Einiges ist gelungen (was für eine Leere empfand ich vor einem Monat!). Jetzt will ich wieder üben...
Ich habe den Glauben an das Leben wieder gewonnen und mich gezwungen, vieles von einem anderen Standpunkt zu beurteilen, das Leben als Ganzes zu begreifen. Das hilft sehr. Gutes den anderen zu vermitteln, ist ein Ideal, mit dem es sich leichter leben läßt. Und das ist keine Selbstberuhigung.

Ich war schon ein wenig egoistisch, aber womöglich ist es eine Notwendigkeit, um seine Persönlichkeit zu formen? Gab es mir doch eine gewisse Freiheit der Aktion und der Gedanken...

Ich verstehe Kinder schlecht. Ich sollte mich dieser Frage widmen. Allein das »sich wundern«, das sich so deutlich in Kindern äußert, ist zweifellos eine der besten menschlichen Qualitäten.

Man darf Kinder einfach nicht anschreien… Hauptsache – selber gut sein.

Ich liebe schöne Frauen! Es ist eindeutig, daß ich deswegen noch eine Menge Unannehmlichkeiten haben werde.

Danksagung

Über zwei Jahrzehnte nahm mich das Konzertleben völlig in seinen Bann. In der statistischen Mitte meines Lebens machte ich vor einigen Jahren eine Reise zum Nordpol. Eine Pause ohne Geige hatte ich mir verschrieben. In der Stille dieser Reise, die ihre Fortsetzung in der vom guten Geist erfüllten Zürcher Wohnung in der Carmenstraße fand, holte mich meine Vergangenheit ein, die Seele forderte eine Zwischenbilanz. Nach zwei Monaten lagen hunderte handgeschriebener Seiten vor mir. Die »Kindheitssplitter« sind ein kleiner Teil davon.

Ich schrieb ohne literarische Ambition, aber ich wollte mich für eine Zeit statt in Tönen in meinen Worten finden. Irgendwann später stieß ich wieder auf meine Tagebücher, die ich im Alter von zwölf bis achtzehn geführt habe, und erinnerte mich an die Gespräche mit *Katharina von Bismarck,* die die Tagebücher kannte und mir schon seit Jahren geraten hatte zu schreiben. Ich war beim Wiederlesen erstaunt, was der Junge Gidon damals schon über sich wußte, was dann aber verschüttet war und wieder und anders gefunden werden wollte. Es ging mir beim Schreiben der »Kindheitssplitter« nicht um

»Teil I« meiner Autobiographie. Vielmehr versuchte ich unmittelbar den Bildern meiner Kindheit zu begegnen, ich suchte die Beziehung zwischen Gidon damals und Gidon heute. Eine Reise in meine Gegenwart via die Vergangenheit, ein Öffnen, kein Abschluß.

Auf dem Weg zur Veröffentlichung dieses Buches halfen mir viele Freunde, die mich der Verwirklichung meiner Absicht und meiner Muttersprache (die ich zwar seit meiner Kindheit spreche, aber nie wirklich lernte) näherbrachten. Ihnen allen will ich an dieser Stelle für ihre selbstlose Unterstützung danken.

Ein ganz besonderer Dank gilt den Gefährten, die mich bei meinem Vorhaben über längere Wegstrekken begleitet haben und ohne deren Einsatz es bei den handgeschriebenen Seiten geblieben wäre:

Ruth Wlodarczak speicherte alle, auch die kaum leserlichen, randlos vollgekritzelten Hefte von mir in ihrem Computer und bestärkte mich von Anfang an durch Gespräche, Umschriften und Vorschläge, daran weiterzuarbeiten.

Florian Langegger und *Elisabeth von Welser* berieten mich bei den ersten Versionen und verwandelten mein teilweise widersprüchliches »Sprech-Deutsch« in »Schrift-Deutsch«.

Lisa Stutz übersetzte mit mir die ab 1964 russisch geschriebenen Teile der Tagebücher ins Deutsche.

Renate Dörner verlangte mir die Buchform ab und unterstützte mich in diesem langwierigen und nicht immer leichten Prozeß durch persönliche Anteilnahme und Vermittlung der großzügigen verlegerischen Hilfe des Piper Verlages. Zudem bestand sie darauf, die Direktheit der Tagebuchtexte, ihre teilweise sprachliche Unbeholfenheit nicht im nachhinein zu glätten, und sie stellte mir

Peter Weismann zur Seite, der mein Anliegen ernst nahm, mich 1992 auf den Spaziergängen durch das herbstliche Riga begleitete, mich befragte und mir zuhörte. Wie es der Kammermusik eigen ist, spielten und kämpften wir kreativ um die sprachliche Formulierung, bis ich – dank seiner Geduld – in der geschriebenen Sprache meine innere Stimme klingen hörte.

Paris, im Mai 1993   *Gidon Kremer*

Das Zitat auf Seite 13 f. aus: Laurence Sterne, *Das Leben und die Ansichten Tristram Shandys* wurde der von Rudolf Kassner übersetzten Ausgabe des Paul List Verlages, München, 1964, entnommen.